V

V 15492

CINQUANTE PARTIES

JOUÉES

AU CERCLE DES ÉCHECS

ET

AU CAFÉ DE LA RÉGENCE,

RECUEILLIES

PAR

L. KIESERITZKY.

NOIRS.

BLANCS.

PARIS,
AU CAFÉ DE LA RÉGENCE, PLACE DU PALAIS-ROYAL,

Et Chez MM.

FERNET, Galerie Nemours.	LONDRES,
DUFOUR et Cie, rue de Verneuil, 1 bis.	WITCOMB, Leadenhall-Street, 121.
LEGRAND, quai des Gds-Augustins, 55.	BARTHES and LOVEL, Great-Marlbo-
STASSIN, rue du Coq.	rough-Street, 34.

1846

A Messieurs
LES MEMBRES DU CERCLE DES ÉCHECS
DE PARIS.

Messieurs,

En plaçant sous votre patronage cet Opuscule, mon intention n'est pas seulement de me concilier vos suffrages; mais il me tarde surtout de vous offrir un témoignage de ma gratitude, à vous, qui m'avez donné la preuve la plus éclatante de l'intérêt avec lequel a été accueillie une tentative dont votre bienveillante sollicitude a fait le succès.

Vous savez, Messieurs, combien j'ai été touché de la manifestation dont vous m'avez honoré; aussi suis-je assuré que chacun de vous croira qu'il n'entre aucun sentiment de vanité dans l'expression de mes remerciements pour une distinction aussi flatteuse qu'inusitée.

En vous adressant cet hommage, j'obéis à l'impulsion de mon cœur.

Agréez, Messieurs, l'assurance de la parfaite considération avec laquelle

J'ai l'honneur d'être

Votre très humble serviteur,

L. KIESERITZKY.

Paris, 1846.

PARIS. — TYP. WITTERSHEIM, 8, RUE MONTMORENCY.

PRÉAMBULE.

Depuis long-temps, au Cercle des Échecs, plusieurs amateurs exprimaient le désir de voir reproduites les parties exécutées par les meilleurs joueurs. Souvent des reproches amicaux ont été adressés à l'auteur de cette petite brochure, pour avoir manqué à cette obligation que lui imposaient, en quelque sorte, les circonstances et sa position. C'est donc pour satisfaire à ce désir que la publication de ces cinquante parties a été entreprise. Mais il paraît nécessaire de protester d'avance contre la pensée que nous ayons eu l'intention de présenter ici une collection de parties modèles. Ceci n'entrait pas dans notre plan. La plupart de ces parties, jouées sans prétention aucune et assez rapidement, ne peuvent pas se distinguer par des coups savamment médités; cependant nos lecteurs trouveront, en les étudiant, des détails intéressants, et, de temps à autre, des combinaisons heureusement conduites. Pour les personnes qui ont joué ces parties, notre petite collection sera, encore après de longues années, un agréable souvenir qui leur rappellera les heures amicalement passées au Cercle des Échecs [*]. Mais notre but principal était de joindre à la traduction du célèbre ouvrage de M. Lewis, qui vient d'être terminée par notre très cher ami M. H. Witcomb, quelques parties dont l'analyse pourrait être utile et agréable au lecteur. Par cette raison, nous avons cru nécessaire d'indiquer à chaque partie l'endroit où l'on trouve les variantes qui s'y rapportent. A l'exception de quelques parties irrégulières ou inconnues jusqu'à présent, les tableaux et les variantes ont été

---

[*] Le Cercle des Echecs, visité par toutes les notabilités qui passent dans la capitale, vient, par les soins de M. Vielle, son propriétaire, de recevoir un accroissement notable et un aménagement de tous points plus confortable; nous saisissons cette occasion pour nous faire l'écho des honorables Membres du Cercle, et reconnaître le zèle et le bienveillant empressement qu'il met dans tout ce qui peut contribuer à la prospérité du noble Jeu des Echecs.

toujours signalés. Notre recueil peut donc être considéré comme un appendice à l'ouvrage de Lewis; aussi avons-nous choisi le même format, le même papier, afin qu'on pût réunir ces deux ouvrages. Quant à la notation, nous allons rappeler sommairement ici ce qui a été déjà dit dans l'avant-propos de la traduction.

Chaque case est notée par deux chiffres dont le premier (la dixaine) indique le rang, le second (l'unité) la colonne, dans lesquelles se trouve la case en question. Sous le nom de rang, on entend une suite de cases horizontale, et les huit cases qui sont en bas de l'échiquier forment le premier rang; les autres se suivent dans leur ordre, de sorte que le huitième rang occupe la portion supérieure de l'échiquier. Une colonne est une suite de cases verticale, et celle qui touche à la lisière gauche de l'échiquier est la première colonne. La huitième colonne touche, par conséquent, à la lisière droite de l'échiquier. Si l'on cherche, par exemple, la case 53, on n'a qu'à chercher le cinquième rang et la troisième colonne.

Notre notation offre des avantages très précieux. D'abord elle diminue les frais considérablement. Le Traité de Lewis se vend en ce moment-ci 27 francs. La traduction, dont la matière comporte quarante pages de plus, coûte 10 francs. (Les souscripteurs n'ont payé que 8 francs, c'est moins que le tiers du prix de l'original.) Avec cette notation on peut établir un ordre logique pour toutes les parties et pour toutes les variantes. Mais, jusqu'à présent, aucun auteur ne paraît avoir pensé à la nécessité d'un tel ordre, et ce n'est pourtant qu'avec lui qu'on peut donner à l'étude le caractère sérieux qu'exige tout autre science. Car, sans cet ordre, on ne saurait jamais d'où sortir dans ses recherches et où s'arrêter. Un autre avantage qu'offrent nos chiffres consiste dans la facilité de découvrir les fautes commises dans l'impression ou l'écriture. Les noms des pièces, tels qu'on les voit sur la planche du titre, augmentent cette facilité. Ainsi, veut-on savoir si une pièce quelconque a pu arriver à une certaine case, on n'a qu'à monter jusqu'à la case où elle se trouvait auparavant, pour se convaincre si cette marche était possible ou non. Si l'on trouve que la Dame est à 11 quand sa dernière place était à 23, on peut être sûr qu'il y a une erreur.

Pour rendre encore plus facile à nos lecteurs la manière de chercher si une faute a été commise, nous donnons ici des indications dont on doit se servir pour rectifier les erreurs.

1. Le Roi, en quittant sa place, se met sur les cases qui diffèrent de 1, 9, 10 ou 11.

2. Le Cavalier embrasse les cases qui diffèrent de 8, 12, 19 ou 21.

3. La Tour conserve toujours, ou la même unité, ou la même dixaine.

4. Le Fou marche sur les cases dont les chiffres produisent la même somme ou la même différence que celle qu'il vient de quitter.

5. La Dame, réunissant la marche de la Tour et du Fou, se soumet aux conditions fixées pour ces deux pièces.

6. Le Pion blanc, en prenant, avance de 9 ou 11; en marchant, il avance de 10 (au commencement, s'il veut, de 20). Le Pion noir atteint les cases qui ont

la même différence, comme le Pion blanc ; seulement, le nombre de la case où il va est toujours plus petit que celui de la case qu'il a quittée.

Outre ces indications, on peut souvent démontrer, par la prise d'une pièce, que le coup joué a été inexact, ainsi qu'on peut le voir par les exemples suivants. Prenons la première partie de cette brochure, et supposons les fautes suivantes :

	au	coup	des	c au lieu de	e
a	au 2ᵉ	coup	des Noirs	c au lieu de	e
b	3ᵉ		Blancs	55	53
c	8ᵉ			65	64
d	10ᵉ			42	52
e	12ᵉ			43	13
f	17ᵉ			55	44
g	23ᵉ		Noirs	68	88

Et nous allons prouver non-seulement que tous ces coups étaient impossibles, mais aussi indiquer où les pièces avaient été placées.

a. *c au lieu de e.* — *c* noir se trouve primitivement placé à 73, par conséquent il ne peut pas atteindre la case 65 qui diffère de 8. Mais, dirait-on, la faute n'est pas dans la lettre, elle est dans le chiffre, il faut lire *c* 63, coup possible. Bien. Mais voyez donc au 22ᵉ coup des Noirs où se trouve *e* 54-A. Comment *e* placé sur 75 aurait-il pu arriver à 54 sans avoir passé par 65 ? Il est donc évident que le second coup des Noirs a dû être *e* 65, et non *c* 63.

b. 55 *au lieu de* 53. — Le Pion *d* à 44 pouvait très bien prendre une pièce qui se trouvait à 55 ; or, dans ce moment, il n'y en avait aucune ; mais *c* était bien à 53, par conséquent 55 était une faute.

c. 65 *au lieu de* 64. — Le Fou C^1 se trouvait le coup précédent sur 46, il ne pouvait pas aller sur 65, car ni la somme ni la différence des chiffres ne sont les mêmes. Déjà on pouvait s'en apercevoir par la couleur de la case ; car une case est noire quand la somme de ses deux chiffres est un nombre pair ; et elle est blanche quand la somme de ses deux chiffres est un nombre impair. Or, quand les deux chiffres sont en même temps pairs ou impairs, la case est noire ; mais quand un chiffre est pair et l'autre impair, la case est toujours blanche. Or, 46 est noir et 65 blanc, par conséquent le Fou ne pouvait pas aller de l'une à l'autre. Mais cela n'indiquerait pas encore où on l'aurait placé, si le 10ᵉ coup des Noirs ne nous apprenait pas qu'il a été pris à 64 par le Fou du Roi adverse.

d. 42 *au lieu de* 52. — Le Cavalier *B* était au 5ᵉ coup à 33. De 33 à 42, il n'y a pas la différence qu'exige cette pièce, comme nous l'avons dit ci-dessus ; il fallait 8, 12, 19 ou 21 de plus ou de moins, et nous le voyons le coup suivant à 64. La case 52 remplit les conditions nécessaires, car elle est 19 de plus que 33 et 12 de moins que 64.

e. 43 *au lieu de* 13. — La Tour *A* placée à 11 ne pouvait pas aller à 43, puisque cette dernière case n'avait ni la même dixaine ni la même unité que 11 ; mais nous voyons au 18ᵉ coup cette même Tour à 53, et cela nous confirme qu'elle a dû prendre d'abord la case 13 dont la dixaine est la sienne, et de là 53 dont l'unité est celle du 13.

f. 55 *au lieu de* 44. — La Dame se trouve primitivement placée à 14 ; de là à 55, il n'y a ni la dixaine, ni l'unité, ni la somme, ni la différence qui pourraient justifier cette marche. Elle prend le Cavalier *B* qui est posté, le coup précédent noir l'indique, à 44.

g. 68 *au lieu de* 88. — Après le roc, le Roi noir se trouvait à 87 ; de là à 68, il y a une différence de 19, qui n'est pas celle du Roi, qui exige 1, 9, 10 ou 11. Par conséquent, 68 n'était pas la case. Mais il ne pouvait pas aller à 78 ou 77, puisque les Pions *h* et *g* n'avaient pas encore bougé, ni à 76 à cause de l'échec, ni à 86, parce que cette case était occupée par la Tour.

Ceci suffira, nous l'espérons, pour démontrer l'avantage de notre notation, toutes les fois qu'il s'agit de découvrir les fautes, et nous défions qui que ce soit de nous en indiquer une autre qui puisse rendre le même service.

Les signes employés sont les mêmes que dans la traduction de Lewis : les lettres majuscules pour les pièces, les lettres minuscules pour les Pions ; ✕ désigne échec, — la prise, ✕ échec et prise, o—o roquer du côté du Roi, o—o—o roquer du côté de la Dame, —— partie abandonnée, === partie remise, ✳ échec et mat, + aller à Dame. Dans les parties, les Blancs sont toujours à gauche, et dans les notes les Blancs sont au-dessus de la barre.

Nous avons encore un devoir à remplir envers les personnes qui ont bien voulu nous aider, tant par les observations dont ils ont accompagné ces parties, que pour le soin qu'ils ont pris pour purifier cet ouvrage des erreurs. Nous remercions sincèrement MM. Alexander, Crampel, Devinck, Harrwitz, Henderson, Kling, Laroche, Lévy, Messeri, Preuss, Sasias, Le Sénéchal, Vignon, Walker, C. Witcomb et H. Witcomb, pour l'assistance amicale qu'ils nous ont prêtée.

PREMIÈRE PARTIE.

Jouée le 16 février 1840,

ENTRE

MM. KIESERITZKY et SAINT-AMANT.

KIESERITZKY.	SAINT-AMANT.	KIESERITZKY.	SAINT-AMANT.	KIESERITZKY.	SAINT-AMANT.
1. a 31	f 56	18. A 53-b	C 72	35. a 41	A 86
2. d 44	e 65	19. F 52 (3)	C 54	36. a 51	A 36 ✕
3. c 43	c 53	20. o—o	D 62	37. E 25	A 32
4. d 53-c	F 53-d	21. H 14	d 64	38. a 61	g 57
5. B 33	G 66	22. A 54-C (5)	e 54-A	39. g 47	E 6 4 (7)
6. b 42	F 62	23. D 54 ✕ e	E 88	40. E 24	E 53
7. C 46	o—o	24. F 63	A 83	41. E 23	A 36
8. C 64	H 85	25. b 52	D 53	42. e 64	A 26 ✕ f
9. c 53	F 73	26. D 64-d	D 64-D	43. E 14	f 35
10. B 52	F 64-C	27. H 64-D	H 84	44. e 74	A 24 ✕
11. B 64-F (1)	H 86	28. H 44	E 87	45. E 15	E 62
12. A 13 (2)	B 63	29. g 37 (5)	H 44-H	46. h 38	E 73
13. G 36	G 45	30. e 44-H	E 86	47. E 16	h 68
14. e 35	b 62	31. E 16 (6)	A 84	48. E 15	A 22
15. B 45-G	f 45-B	32. e 54	E 75	49. E 16	A 26 ✕
16. G 44	B 44-G	33. E 25	E 64	50. E 15	A 22
17. D 44-B	b 53-c	34. E 35	E 55	=	

1. L'ouverture du jeu des Blancs est de beaucoup la meilleure. La position de ce Cavalier doit gagner la partie.   2. Mal vu : ce coup est sans but; les Blancs devraient sortir leurs Pièces du côté du Roi et ne pas perdre un temps précieux.   3. Est-ce que le Fou n'aurait pas plus de force s'il était placé à 43?   4. Les Blancs ont perdu leur avantage par trop d'impétuosité.   5. Au lieu de g 57, il fallait jouer E 16, et les Blancs auraient infailliblement gagné le Pion à 45. Alors ils restaient avec trois Pions et le Fou contre la Tour, avantage suffisant pour gagner la partie.   6. Un Fou et deux Pions équivalent à la Tour ; mais il faut que Kieseritzky joue avec grand soin pour avoir la remise.
7. Saint-Amant n'ose pas jouer la Tour à 38 à cause du Pion avancé. La dernière portion de cette partie est fort bien jouée par les deux combattants.

GEORGE WALKER.

DEUXIÈME PARTIE.

Jouée le 23 mai 1842,

ENTRE

MM. SCHWARTZ et KIESERITZKY.

SCHWARTZ.	KIESERITZKY.	SCHWARTZ.	KIESERITZKY.	SCHWARTZ.	KIESERITZKY.
1. d 44	d 54	8. B54-C	c 54-B [5]	15. e 65 ×	E 73
2. c 43	d 43-c	9. G 46	D 51 ×	16. G 54 ×	E 63
3. e 45	f 56	10. C 24	D 62	17. D 85 ×	E 64
4. e 55 [1]	C 65	11. D 54-c	D 22-b [4]	18. C 46 ×	E 65-e
5. B 33	c 63 [2]	12. F 43-d [3]	D 11 × A	19. G 66 ×	E 66-G
6. D 56	g 67	13. E 25	D 18-H	20. D 76 ※	
7. G 38	C 54	14. D 76 ×	E 74		

Traduction de Lewis, *par* WITCOMB, *tab.* III, *var.* 7, 8.

1. Il vaut mieux prendre e 56-f, car maintenant C acquiert une grande importance. 2. C'est un faux coup : il fallait jouer C 54. 3. Il eût été moins mauvais de reprendre avec la Dame. 4. Faute grave : B 74 pouvait sauver la partie. 5. Très bien joué de la part des Blancs. Ils se laissent prendre les deux Tours pour finir d'une manière éclatante.

TROISIÈME PARTIE.

Jouée en mai 1842,

ENTRE

MM. SCHWARTZ et KIESERITZKY.

SCHWARTZ.	KIESERITZKY.	SCHWARTZ.	KIESERITZKY.	SCHWARTZ.	KIESERITZKY.
1. d 44	d 54	12. G 41	b 52	23. g 56-f	g 56-g
2. c 43	d 43-c	13. G 53	B 74	24. D 12	D 67 ×
3. e 45	f 56	14. b 42	B 53-G	25. E 18	c 63
4. e 55	C 65	15. b 53	G 67	26. H 17	D 65
5. B 33	C 54	16. f 46	a 61	27. H 77	h 58
6. G 25	e 65	17. a 41	b 42	28. D 14	D 68
7. G 46	G 75	18. a 51 [3]	A 82	29. H 37	G 65
8. B 54-C	e 54-B	19. F 25	A 52	30. H 58	G 77
9. G 65 [1]	D 74	20. C 35	F 73	31. D 15	F 84
10. G 53	D 63	21. o—o	G 86	32. F 14 [4]	A 51-a
11. b 32	h 62 [2]	22. g 47	g 67	33. F 41	d 35

SCHWARTZ.	KIESERITZKY.	SCHWARTZ.	KIESERITZKY.	SCHWARTZ.	KIESERITZKY.
34. D 14	G 65	38. F 63 ✕ c	D 63-F	42. H 47-H	h 47-H
35. D 32	G 46-f	39. A 51-A	F 51-A	43. C 46-G	E 74 (6)
36. D 42-b	H 87	40. D 51-F	D 52		
37. H 37	H 47 (3)	41. D 52 ✕ D	a 52-D		

Traduction de Lewis, *par* WITCOMB, *tab.* III, *var.* 7, 8.

1. Cette entrée paraît dangereuse pour les Noirs; mais elle ne l'est point, puisque la position du Cavalier n'est pas soutenable.   2. En jouant le Pion un pas, les Noirs gagnent un temps.   3. Pour empêcher que le Pion soit soutenu par l'autre.   4. Pour attaquer la Tour et gagner une position contre le Roi.   5. Si les Blancs n'avaient pas joué la Tour, les Noirs l'auraient prise, laissant également leur Dame en prise, car le coup suivant ils avaient le mat à donner par $\overline{G\,26}$.   6. Les Blancs ont très bien joué cette partie, mais ils n'ont pas prévu ce coup, qui est en effet le seul qui pouvait sauver la partie, car si :

$$43, \frac{\quad}{a\,42} \quad 44, \frac{b\,63}{a\,32} \quad 45, \frac{h\,73}{E\,74} \quad 46, \frac{e\,65\times}{E\,83} \quad 47, \frac{e\,75}{E\,74} \quad 48, \frac{e\,85+D\times}{E\,85-D} \quad 49, \frac{b\,85+D\times}{}$$

QUATRIÈME PARTIE.

Jouée le 17 février 1842,

ENTRE

MM. DESLOGES et DELANNOY.

DESLOGES.	DELANNOY.	DESLOGES.	DELANNOY.	DESLOGES.	DELANNOY.
1. d 44	d 54	11. G 48-h	H 48-g (7)	21. A 14-G	D 47
2. c 43	d 43-c	12. C 48-H	F 28 ✕ h	22. A 17	D 48 ✕
3. e 45	f 56 (1)	13. E 28-F	G 47 ✕	23. E 35	B 51
4. e 56-f (2)	C 65-e	14. E 37	g 57	24. b 32	c 65
5. F 43-d	G 66 (3)	15. H 18	g 48 ✕ C	25. H 87	b 52
6. B 33 (4)	e 65	16. H 48-g	D 57 (8)	26. F 54	C 54-F
7. G 25	B 63	17. H 88 ✕	E 76	27. E 34-C	D 78 ✕
8. O-O	F 64	18. f 46	D 77	28. B 45	D 38 ✕
9. g 37 (5)	h 58	19. H 81-A	G 35 ✕ (9)	29. A 57	D 18 (10)
10. C 57	h 48 (6)	20. E 26	G 14 ✕ D	30. A 77 ✳	

Traduction de Lewis, *par* WITCOMB, *Tab.* III, *Var.* 7, 8.

1. Cette défense contre le gambit de la Dame fut trouvée en 1842 par M. W. Schwartz, de Livonie, amateur distingué et plein de zèle. Elle a le grand mérite de donner lieu à des parties vives et intéressantes, chose bien rare dans les autres défenses; et bien que, par-ci,

par-là, on ait voulu contester sa valeur, elle est applicable, surtout en pratique. Peut-être, après un examen bien rigoureux, finirait-on par découvrir une attaque qui rendrait cette défense insuffisante ; mais, en attendant, son existence est aussi bien garantie que celle de maint autre début condamné par la théorie.   2. Il vaut mieux prendre f que pousser e 55 comme dans les deux parties précédentes, à cause de C noir qui arrive à 65 et plus tard à 54, où il acquiert une grande puissance.   3. Ceci est bien préférable à C 12-B, selon l'avis de M. Heydebrand. Pourquoi échanger une pièce bien placée contre une autre, non sortie jusque-là ?   4. D. 32 donnerait une attaque plus forte, mais on jouerait e 65, et alors les Blancs pourraient poursuivre leur attaque en jouant I B 33, ou II C 35, ou III C 46, ou IV C 57, ou V D 72-b, ou VI F 65-e, ou VII G 25, ou VIII G 36. Impossible de décider catégoriquement si l'une ou l'autre des variantes possibles ne réussirait pas à détruire la partie des Noirs. Nous invitons les lecteurs attentifs de cette brochure à examiner les coups proposés par nous, en ajoutant qu'ils nous obligeront en nous communiquant leurs observations ou rectifications. Voyons maintenant les variantes :

I. 7, $\frac{B\,33}{D\,83}$ 8, $\frac{G\,36}{F\,64}$ 9, $\frac{G\,57}{E\,75}$ 10, $\frac{d\,54}{e\,55}$ 11, $\frac{f\,46}{B\,74}$ 12, $\frac{f\,55\text{-}e}{B\,45\text{-}f}$ 13, $\frac{\text{O-O}}{h\,68}$

14, $\frac{G\,36}{B\,43\text{-}F}$ 15, $\frac{D\,43\text{-}B}{H\,85}$ II. 7, $\frac{C\,35}{D\,83}$ 8, $\frac{G\,36}{B\,63}$ 9, $\frac{G\,57}{B\,84}$ 10, $\frac{\text{O-O}}{F\,64}$ 11, $\frac{H\,15}{h\,68}$

12, $\frac{G\,36}{\text{O-O}}$ 13, $\frac{d\,54}{e\,55}$ 14, $\frac{B\,33}{B\,76}$ III. 7, $\frac{C\,46}{F\,64}$ 8, $\frac{G\,25}{F\,46\text{-}C}$ 9, $\frac{G\,46\text{-}F}{D\,44\text{-}d}$ 10, $\frac{G\,65\text{-}e}{D\,55\times}$

11, $\frac{D\,35}{D\,35\times D}$ 12, $\frac{f\,35\text{-}D}{C\,65\text{-}G}$ 13, $\frac{F\,65\text{-}C}{E\,75}$ IV. 7, $\frac{C\,57}{F\,64}$ 8, $\frac{B\,33}{D\,83}$ 9, $\frac{\text{O-O}}{\text{O-O}}$ 10, $\frac{G\,36}{B\,63}$

11, $\frac{H\,15}{H\,85}$ 12, $\frac{C\,66\text{-}G}{F\,46\times}$ 13, $\frac{G\,24}{g\,66\text{-}C}$ V. 7, $\frac{D\,72\text{-}b}{C\,45}$ 8, $\frac{F\,52\times}{c\,63}$ 9, $\frac{D\,81\text{-}A}{c\,52\text{-}F}$ 10, $\frac{D\,71\text{-}a}{C\,27\text{-}g}$

VI. 7, $\frac{F\,65\text{-}e}{D\,75}$ 8, $\frac{d\,54}{G\,54\text{-}d}$ 9, $\frac{D\,54\text{-}G}{D\,65\times F}$ 10, $\frac{D\,65\text{-}D}{C\,65\text{-}D}$ VII 7, $\frac{G\,25}{D\,83}$ 8, $\frac{G\,46}{E\,76}$ 9, $\frac{d\,54}{F\,64}$

10, $\frac{d\,65\times e}{E\,75}$ 11, $\frac{G\,54\times}{G\,54\text{-}G}$ 12, $\frac{F\,54\text{-}G}{c\,63}$ 13, $\frac{C\,57\times}{E\,85}$ 14, $\frac{F\,43}{b\,52}$ 15, $\frac{F\,34}{D\,65\times d}$ VIII. 7, $\frac{G\,36}{D\,83}$

8, $\frac{G\,57}{B\,63}$ 9, $\frac{F\,65\text{-}e}{F\,42\times}$ 10, $\frac{C\,24}{F\,24\times C}$ 11, $\frac{B\,24\text{-}F}{B\,44\text{-}d}$ 12, $\frac{D\,41\times}{b\,52}$ 13, $\frac{D\,44\text{-}B}{C\,65\text{-}F}$ 14, $\frac{D\,55}{\text{O-O}}$

15, $\frac{D\,52\text{-}b}{A\,82}$ 16, $\frac{D\,51}{A\,22\text{-}b}$ 17, $\frac{\text{O-O}}{C\,54}$

5. Pour éviter la double attaque par G 57 : le coup est faible ; le coup juste aurait été D 32.   6. Bien joué : la Tour H se trouvant dans une colonne presque ouverte, gagne considérablement en valeur.   7. Ce sacrifice n'est pas prudent. Il fallait jouer D 74 et ensuite O-O pour être à même de diriger toutes les forces contre le Roi à moitié dépouillé. L'impétuosité de l'attaque n'a pas été couronnée de succès.   8. Il y a beaucoup d'imagination dans ces derniers coups des Noirs. Mais malheureusement l'adversaire était trop expérimenté pour tomber dans le piège, quelque adroit qu'il fût.   9. Les Noirs prennent la Dame, mais il leur en coûte cher, car les Blancs restent avec deux Tours et un Cavalier.   10. Même en jouant tout autre coup, les Noirs perdent la partie.

L. K.

CINQUIÈME PARTIE.

Jouée le 17 novembre 1845,

ENTRE

MM. ALEXANDER et KIESERITZKY.

ALEXANDER.	KIESERITZKY.	ALEXANDER.	KIESERITZKY.	ALEXANDER.	KIESERITZKY.
1. d 44	d 54	16. G 55	B 55-G	31. A 16 (7)	A 24
2. B 33 (1)	e 65	17. G 55-B	C 25-F	32. e 45	c 43
3. C 46	c 53	18. D 25-C	D 57	33. e 56 ✕ f	E 56-e
4. e 35	B 63 (2)	19. C 46	D 67	34. H 58	A 27 ✕ g
5. B 52	e 55	20. A 14 (6)	A 84	35. E 27-A	G 55 ✕ C
6. d 55-e	C 65	21. D 36	f 66	36. H 37	G 47
7. B 64 ✕ (3)	F 64-B	22. D 38	f 56	37. A 26	H 45
8. d 64-F	G 66	23. f 36	G 66	38. A 24 (8)	D 63 ✕
9. h 38 (4)	o-o	24. C 55	H 85	39. H 36	G 35 ✕
10. G 36	G 45	25. f 46	G 47	40. E 28	H 18 ✕ (9)
11. F 25 (5)	G 64-d	26. H 36	h 58	41. E 18-H	D 36 ✕ H
12. o-o	G 45	27. H 37	E 76	42. E 17	D 16 ✕
13. c 33	g 57	28. D 48	A 74	43. E 28	G 47 ✕
14. C 28	g 47	29. c 43	E 65	44. E 37	D 46 ✕ f
15. h 47-g	C 47-h	30. c 54-d	A 54-c	45. E 27	D 24 ✕ A

Traduction de LEWIS, *par* WITCOMB, *tab.* III, *var.* 16, 17.

1. Coup faible; c 43 valait beaucoup mieux.   2. Ce coup est mal joué, car ils y perdent forcément un Pion; F 64 était plus sûr.   3. Par cet échec ils reperdent non-seulement le Pion gagné, mais encore un temps, car les Noirs se développent maintenant plus vite que les Blancs.   4. Autre temps perdu. G 36 était parfaitement sûr.   5. F 34 valait mieux; car si les Noirs prennent G-64-d, les Blancs joueraient F 78 ✕ h 12, G 57 ✕ et puis D 58¹, et s'ils jouent c 43, on prend le Cavalier et conserve le Pion.   6. Les Noirs avaient découvert leur Roi en jouant g 57, mais les Blancs n'en n'ont pas profité. Au lieu de jouer inutilement A 14, il fallait jouer g 37 et après cela E 27 pour doubler les Tours sur la ligne de la Tour du Roi. Alors ils auraient formé une assez forte attaque.   7. Pour se tirer de leur mauvaise position, il eût mieux valu faire Tour pour Tour.   8. Il fallait éviter cet échec. Dès à présent, plus de ressource pour les Blancs, qui n'ont fait aucun effort pour effectuer une contre-attaque, et dont les fautes ont été habilement mises à profit par les Noirs.

9. Si 40, $\overline{\text{D 36-H}}$ 41. $\dfrac{\text{D 57} \times}{\text{E 63}}$ 42. $\dfrac{\text{D 55} \times}{\text{E 76}}$ 43. $\dfrac{\text{A 74} \times}{\text{E où il veut}}$ 44. D ✳

HARRWITZ.

¹ Notre honorable collègue se trompe ici, car les Noirs peuvent détruire l'effet du sacrifice par 13 C 56.

L. K.

SIXIÈME PARTIE.

Jouée le 27 septembre 1842,

ENTRE

MM. KIESERITZKY et CALVI.

KIESERITZKY.	CALVI.	KIESERITZKY.	CALVI.	KIESERITZKY.	CALVI.
1. d 44	e 65 (1)	15. G 55	B 54	29. f 56 (7)	A 43
2. c 43	d 54	16. D 34	F 64	30. F 36	h 58 (8)
3. B 33	G 66	17. h 48	B 46-C	31. A 14	H 47 ✕ g (9)
4. C 46 (2)	F 75	18. B 46-B	F 55-G	32. F 47-H	A 47 ✕ F
5. G 36	o–o	19. e 55-F	D 34 ✕ D	33. E 26	A 46 ✕
6. h 58	c 53	20. F 34-D	G 74 (6)	34. H 36	H 48-h
7. e 35	B 63	21. A 15	H 84	35. A 17	A 47
8. A 13	C 74	22. H 37	G 62	36. A 47-A	h 47-A
9. g 47 (3)	c 44-d	23. G 27	C 27 ✕ G	37. H 31 (10)	e 56-f
10. e 44-c	d 43-c	24. E 27-C	H 44	38. H 71 ✕ a	E 65
11. F 43-d	A 83	25. F 45	B 51	39. a 41	e 46
12. B 25	F 42 ✕	26. H 32	b 62	40. H 72	h 37 ✕
13. E 16 (4)	B 75	27. E 37	E 86	41. E 27	g 57
14. H 17	C 65 (5)	28. f 46	E 75		

Traduction de Lewis, *par* WITCOMB, *tab.* III, *var.* 15.

1. Les Noirs, en ne répondant pas par le Pion de la Dame deux pas, veulent sans doute éviter le gambit de la Dame, et tombent dans un début irrégulier.   2. Ce coup me paraît faible, le Fou, à cette case, n'étant pour le moment d'aucune utilité. Il aurait mieux valu le jouer à la case 57 et l'échanger ensuite contre le Cavalier du Roi des Noirs.   3. Les Blancs renoncent à roquer, et je crois qu'ils ont tort. On reconnaît ici le professeur habitué à faire de forts avantages et ne craignant pas de mettre son Roi à découvert. Ce système, bon contre les faibles, ne saurait réussir contre un amateur de force égale. Dans la position actuelle, les Noirs ont toutes leurs pièces dégagées et sont en mesure de parer l'attaque dont leur Roi est menacé.   4. Les Blancs n'étaient pas forcés de jouer leur Roi; ils pouvaient couvrir l'échec avec leur Fou, ce qui était préférable : on voit qu'ils sacrifient tout à l'attaque projetée sur leur droite. Ils se mettent ainsi dans une mauvaise position qui doit les faire perdre.
5. Les Noirs, dont le jeu a été jusque ici sagement conduit en défense, vont à leur tour se mettre en attaque.   6. Les Noirs jouent bien en faisant cette liquidation; car, en attaquant le Pion du Roi, ils forcent les Blancs à le défendre par la Tour de la Dame, et les mettent ainsi dans une position plus gênée.   7. On aurait mieux joué en échangeant le Fou contre le Cavalier, ce qui simplifiait la partie et faisait espérer une remise.   8. Bien joué : les Blancs ne peuvent prendre sans doubler et isoler leurs Pions.   9. En donnant la Tour pour le Fou, les Noirs gagnent ici deux Pions qui valent mieux que l'échange.   10. Ici la partie est évidemment perdue pour les Blancs; les trois Pions passés des Noirs ne pourraient point être arrêtés.

LAROCHE.

SEPTIÈME PARTIE.

Jouée le 25 novembre 1844,

ENTRE

MM. SCHULTEN et LAROCHE.

SCHULTEN.	LAROCHE.	SCHULTEN.	LAROCHE.	SCHULTEN.	LAROCHE.
1. e 45	c 53 (1)	20. h 48	A 87	39. H 87 ×	E 73
2. c 43 (2)	B 63	21. H 17	D 62 (7)	40. H 88	c 42-b
3. f 46	f 56	22. A 12	a 41	41. a 42-b	b 52 (11)
4. c 55 (3)	e 65	23. D 14	B 51	42. H 58-h	b 43-c
5. G 36	d 54	24. G 45	A 47 (8)	43. H 53 ×	E 62
6. d 34 (4)	d 44	25. C 57	F 57 × C	44. H 43-b	E 52
7. a 31 (5)	a 51	26. h 57-F	B 43 × c	45. E 34	a 31
8. B 24	G 68	27. d 43-B	A 45-G	46. A 83	E 42-a
9. h 38	F 75	28. h 67	G 55-e	47. H 82 ×	E 41
10. G 28 (6)	F 48 ×	29. B 55-G	A 55-G	48. H 81 ×	E 32
11. E 25	g 57	30. b 42 (9)	C 63	49. H 82	E 21
12. B 36	g 46-f	31. h 77	H 87	50. H 81 (12)	H 72
13. C 46-g	G 76	32. F 38	D 73	51. E 44-d	E 22
14. E 24	F 75	33. D 16 (10)	D 75	52. H 88	a 21
15. g 47	D 73	34. A 15	A 15-A	53. H 28 ×	E 31
16. D 25	f 47-g	35. D 15-A	H 77-h	54. H 38 ×	H 52
17. G 47-f	h 58	36. D 65 × e	C 74	55. H 18	H 12
18. G 29	C 74	37. D 74 × C	D 74-D	—	—
19. F 27	O-O-O	38. C 74 × D	H 74-C		

Traduction de LEWIS, *par* WITCOMB, *tab.* IV, *var.* 1, 3.

1. Quelques auteurs de haute réputation regardent ce coup comme la meilleure réponse à e 45. Contrairement à leur avis, nous soutenons que 1 e 55 est un coup irréprochable. Jusqu'à présent on n'a découvert aucune attaque qui donnerait un avantage réel à celui qui joue en premier. Pourquoi donc éviter 1 e 55 et adopter une défense qui, d'ordinaire, amène des parties très serrées et par cela même stériles et fatigantes? L'auteur qui le premier fait mention de cette défense était un Italien, qui dit l'avoir trouvée dans un vieux manuscrit, où cette manière d'ouvrir le jeu était désignée sous le nom de la *partie sicilienne*. Plus tard, ce nom a changé, et aujourd'hui on l'appelle *la partie française*, nom également usité pour la partie où le second joueur débute par 1 e 65.

2. Mauvais coup, qui, laissant en arrière le Pion de la Dame, met la case 44 à la disposition de l'adversaire. Le coup juste, c'est 2 G 36. — 3. La prise du Pion offert eût été imprudente, attendu que les Noirs n'auraient pas manqué d'employer les pièces B et C pour

diriger leur attaque contre 5G.   4. On aurait pu prendre c 54-d, car si 6 e54-c 7, $\frac{F\,52}{D\,62}$ 8, $\frac{F\,63 \times B}{b\,65\text{-}F}$ 9, O—O et les Blancs seraient restés avec un Pion passé, et si 6, $\frac{}{D\,54\text{-}c}$ 7, B33 et puis 8, F 43.   5. Afin de pousser b 42.   6. Il n'y avait aucun motif de se laisser déroquer; G 28 était par conséquent un mauvais coup. 10, g 37 ou plutôt D 25 valait mieux, car si, pour ce dernier cas, 10, $\frac{}{F\,48 \times}$ 11, $\frac{G\,48\text{-}F}{D\,48 \times G}$ 12, D 26.

7. Très bon coup. Le Roi des Blancs est maintenant cerné de deux côtés.
8. Excellent coup d'attaque. Les Blancs perdent forcément un Pion.   9. Essai d'entreprise pour une attaque sur 72.   10. Bien imaginé, car si 33 $\overline{\text{H 77-h}}$, 34 D 86 $\times$
11. Si 42 $\frac{d\,52\text{-}b}{H\,54}$ 12. Ce coup amène la perte de la partie; il ne fallait pas quitter la deuxième colonne.

L. K.

HUITIÈME PARTIE.

Jouée le 5 janvier 1846,

ENTRE

MM. KIESERITZKY et VITZTHUM.

KIESERITZKY.	VITZTHUM.	KIESERITZKY.	VITZTHUM.	KIESERITZKY.	VITZTHUM.
1. e 45	c 55	11. B 45	F 42	21. G 57	D 53 (5)
2. G 56	B 63	12. G 57	B 55-e (3)	22. G 45	D 55 (6)
3. d 44	c 44-d	13. h 38	G 66	23. A 15	C 72 (7)
4. F 45	e 65	14. D 44	F 15-H	24. F 65-e	d 65-F (8)
5. O—O	F 53	15. B 64 $\times$	E 86	25. D 72-C	A 82
6. c 33	c 33-c (1)	16. D 55-B	D 73	26. G 64 $\times$ F	D 64-G
7. B 33-c	a 61	17. G 76-f	F 42	27. A 65 $\times$ d	D 65-A
8. H 15	b 52	18. C 68	F 64-B (4)	28. D 82 $\times$ A	E 74
9. F 52	G 66 (2)	19. D 66-G	E 85	29. D 86-H	——
10. c 55	G 47	20. D 77-g	H 86		

Traduction de LEWIS, *par* WITCOMB. *Tab.* IV, *Var.* 1-5.

1. Les Noirs feraient mieux en dégageant leurs pièces.   2. G 75 était plus sûr pour roquer après. A la suite de leur mauvais début, les Noirs se trouvent dans une position qui exige la plus grande circonspection.   3. Si les Noirs prennent la Tour, les Blancs jouent B 64 $\times$ et, puis D 47-G, et bien qu'ayant l'avantage de l'échange et d'un Pion de plus, les Noirs ne pourront pas résister à l'attaque des Blancs.   4. Coup bien joué : les Noirs sont mat s'ils prennent le Fou.   5. Les Noirs menacent du mat, mais les Blancs l'évitent en poursuivant vivement l'attaque.   6. La meilleure case pour la Dame.
7. Ils ne peuvent plus faire l'échange des Dames sans perdre la pièce.   8. Très bien joué. Les Noirs ne peuvent pas prendre avec la Dame, car le Cavalier blanc prendrait le Fou par échec, et la Dame noire serait perdue.

HARRWITZ.

NEUVIÈME PARTIE.

Jouée le 9 février 1840,

ENTRE

MM. KIESERITZKY et SAINT-AMANT.

KIESERITZKY.	SAINT-AMANT.	KIESERITZKY.	SAINT-AMANT.	KIESERITZKY.	SAINT-AMANT.
1. e 45	e 65	14. h 38	C 56	27. D 41	H 83 (10)
2. f 46 (1)	d 54	15. g 47 (5)	C 34-F	28. f 56	D 55 (11)
3. e 54-d (2)	e 54-e	16. D 34-C	B 42 (6)	29. B 44	D 64
4. d 44	c 55	17. D 44	D 51	30. A 34	B 34-h
5. d 55-c (3)	F 55-d	18. a 34	B 63	31. A 35	G 87
6. F 52 ×	B 63	19. D 34	a 61	32. H 25	G 66
7. D 25 ×	C 75	20. H 15	b 52	33. B 36	B 43
8. G 36	C 47 (4)	21. G 44	b 42	34. B 57	E 87
9. C 35	D 62	22. G 32 (7)	D 73 (8)	35. B 55	B 35-A
10. C 53-F	D 55-C	23. B 25	b 34-a	36. H 35-B	G 45
11. B 53	O-O	24. b 34-b	B 54 (9)	37. E 22	D 66 ×
12. O-O-O	A 84	25. D 33	B 43	38. E 34	H 23-c
13. F 34	E 88	26. D 42	A 82	39. B 44	D 64 ×

Traduction de LEWIS, *par* WITCOMB, Tab. v, Var. 8, 9.

1. Mal joué; ce coup est tout-à-fait inférieur à d 44, et si alors Saint-Amant jouait le même coup, échangez les Pions.   2. Après cet échange, Saint-Amant aura le meilleur début, parce que Kieseritzky a affaibli son Pion f en l'avançant, et parce qu'aussi, par là, il gêne la marche de son Fou C.   3. Ceci est faiblement joué, faisant sortir le Fou du Roi adverse, et cédant la plus grande partie du champ de bataille aux forces ennemies.
4. Saint-Amant a une belle position et peut faire tout ce qu'il veut de la partie.   5. L'avancement de ces Pions est parfaitement correct. Les jeunes joueurs doivent remarquer la règle classique dont voici un exemple si frappant : attaquer le camp de l'ennemi avec vos Pions quand il a roqué, en supposant que votre Roi ne soit pas par là mis en danger.   6. Cette attaque de Saint-Amant est prématurée et mal digérée.   7. Il y a quelque joli jeu à cet endroit de la partie.   8. La Reine eût dû aller là un ou deux coups plus tôt.   9. Le roc avec la Tour de la Dame donne généralement au Roi une position faible, et Saint-Amant profite de cette faiblesse de position.   10. Saint-Amant arrive maintenant avec une force accablante due à ce que le jeu de Kieseritzky est si resserré et affaibli, en partie par la malheureuse position de son Cavalier B, qui bloque la Tour.   11. Prématuré, quoique bien tentant. Je ne puis comprendre, si j'ai les pièces bien placées, pourquoi il ne joue pas le Cavalier de la Reine, découvrant l'attaque combinée de la Reine et de la Tour. Le Cavalier de la Reine pourrait aller à la case 22 ou presque partout avec avantage. Le Cavalier de la Reine, à 62, tout à la fois attaquerait la Reine et présenterait le mat. Il faut que mon ami Saint-Amant ait joué cette partie sans sa tabatière. Je n'ai pas la patience d'en suivre la fin jusqu'au bout, après une inattention telle que celle-ci.

GEORGE WALKER.

DIXIÈME PARTIE.

Jouée le 21 septembre 1842,

ENTRE

MM. CALVI et KIESERITZKY.

CALVI.	KIESERITZKY.	CALVI.	KIESERITZKY.	CALVI.	KIESERITZKY.
1. e 45	e 55	12. b 42	D 33	23. B 32	G 64
2. d 44	e 44-d (1)	13. B 56	f 66 (5)	24. B 55 ×	E 82
3. G 36	B 63 (2)	14. D 24 (6)	D 24-D	25. E 46	H 55
4. G 44-e	F 53	15. B 24-D	h 48	26. H 15	g 37
5. C 35	D 75	16. f 46	g 47	27. h 37-g	h 37-h
6. G 63-B	d 63-G	17. f 56	C 76	28. E 37-h	a 51
7. C 53-F	D 53-F (3)	18. E 26 (7)	G 68	29. c 33	a 42-b
8. F 54	C 65	19. E 35	H 85	30. c 42-a	b 41-a
9. O–O	O–O–O	20. F 43	b 52 (8)	31. E 46	b 51 (9)
10. B 24	g 57 (4)	21. F 76-C	G 76-F	32. A 31-b	G 56-f (10)
11. a 31	h 58	22. a 41	E 72	33. H 11	—

Traduction de LEWIS, *par* WITCOMB, *Tab.* XLIX *et* L.

1. Gambit classé dans les irréguliers; de même que dans celui de la Dame on ne peut défendre le Pion par le Pion sans s'exposer à une forte attaque; il vaut mieux l'abandonner.
2. La position devient ici semblable au début du Pion de la Reine, début intéressant qui donne lieu à de jolies parties. 3. La reprise immédiate du Pion du gambit, les pièces attaquées et défendues par des pièces, les échanges de ces pièces simplifient cette partie et lui ôtent tout le brillant qu'offre ordinairement ce début. On voit deux antagonistes redoutables qui ignorent leurs forces respectives, cherchant à éviter toute position compliquée. 4. Les Noirs veulent ouvrir une attaque avec leurs Pions sur le Roi adverse. 5. En défendant ainsi leur Pion attaqué, les Noirs enferment leur Dame dans le camp ennemi. Ils auraient dû la ramener à la case 77, où, en défendant le Pion, elle se serait trouvée à portée de pousser une vigoureuse attaque sur le Roi. 6. Les Blancs jouent bien en forçant l'échange des Dames; en reprenant de leur Cavalier ils dégagent leur jeu.
7. Les Dames étant échangées, les Blancs font bien de mettre leur Roi en campagne pour soutenir plus tard leurs Pions avancés. 8. Mal joué, ce coup va permettre aux Blancs d'ouvrir sur le Roi des Noirs une attaque dont ils ne se relèveront pas. 9. On voit ici l'avantage pour les Blancs d'avoir lancé leur Roi en avant; ils gagnent forcément un Pion, la Tour ne pouvant le défendre sans livrer un échange. Dès ce moment la partie appartient aux Blancs. 10. Les Noirs désespèrent évidemment de leur partie, car ils semblent inviter leur adversaire à doubler ses Tours pour leur donner le coup de grâce.

LAROCHE.

ONZIÈME PARTIE.

Jouée le 21 novembre 1842,

ENTRE

MM. DEVINCK et KIESERITZKY.

DEVINCK.	KIESERITZKY.	DEVINCK.	KIESERITZKY.	DEVINCK.	KIESERITZKY.
1. e 45	e 55	12. B 24	G 75	23. C 44	c 53
2. f 46	d 64 [1]	13. A 16	G 67	24. C 55-F	d 55-C
3. G 56	B 63	14. g 37 [4]	f 55	25. E 36	h 58
4. F 43	C 65	15. c 33 [5]	H 86	26. g 47	g 67
5. F 05-C	f 65-F	16. B 43	E 75	27. g 58-h	g 58-g
6. f 55-e	B 55-f	17. h 48	b 52	28. E 35	c 43
7. d 44 [2]	B 36 $\times$ G	18. d 55-f	G 55-d	29. a 31	E 75
8. D 36-B	D 66	19. B 55-G	F 55-B	30. E 21	E 64
9. o—o	D 36-D [3]	20. H 86-H	A 86-H	31. E 23	E 43
10. H 36-D	F 75	21. A 86-A	E 86-A	32. b 42 $\times$	a 42-b
11. C 35	F 66	22. E 26	a 51	33. a 42 $\times$ a	E 63 [7]

1. Nous savons que le joueur des Blancs possède la science des gambits; mais le oueur des Noirs, inventeur d'un gambit fameux! Fuir ainsi! Cela nous étonne.

2. Si 7, $\dfrac{\text{G 55-B}}{\text{D 48} \times}$ 3. Ce coup est très bien joué : prendre $\overline{\text{D 44-e}}$ était une faute énorme. Voici la suite : 10, $\dfrac{\text{C 35}}{\text{D 66}}$ 11, $\dfrac{\text{D 58} \times}{\text{D 67}}$ 12, $\dfrac{\text{D 52} \times}{}$ et puis 13, $\dfrac{\text{D 72-b}}{}$ Le jeu des Noirs est complètement détruit.   4. Pour diminuer la valeur du Cavalier, il est très bon de placer un Pion à la petite quarte de cette pièce.   5. Il est avantageux de conserver des Pions du centre.   6. Puisque les Dames sont hors du jeu, il était inutile de roquer.   7. Cette partie est belle dans ses détails, et prudemment jouée de part et d'autre.

SASIAS.

DOUZIÈME PARTIE.

Jouée en juillet 1843,

ENTRE

MM. ROUSSEAU et KIESERITZKY.

ROUSSEAU.	KIESERITZKY.	ROUSSEAU.	KIESERITZKY.	ROUSSEAU.	KIESERITZKY.
1. e 45	e 55	4. G 56	d 64	7. g 37	F 66 [2]
2. f 46	e 46-f	5. d 44	C 47	8. c 33	G 75
3. h 48 [1]	F 75	6. C 46-e	F 48 $\times$ h	9. D 54	h 58

ROUSSEAU.	KIESERITZKY.	ROUSSEAU.	KIESERITZKY.	ROUSSEAU.	KIESERITZKY.
10. B 24	G 67	19. H 16	A 87	28. F 74-H	h 48
11. O-O-O (3)	G 46-C	20. e 55	d 55-c (6)	29. B 36	E 58
12. g 46-G	g 57 (4)	21. G 76-f	E 76-G	30. d 65	A 77
13. g 57-g	F 57-g	22. d 55-d	A 37	31. F 85 ×	E 47
14. D 52 ×	B 74	23. H 66 × B	E 77	32. F 76	E 36-B
15. D 57-F	D 57-D	24. F 74	H 84	33. d 75	A 17 ×
16. G 57-D	C 14-A (5)	25. F 65	A 27	34. E 24	A 27 ×
17. E 14-C	E 75	26. H 76 ×	E 67	35. E 34	A 25
18. F 58	B 66	27. H 74	H 74-H	36. F 58	—

Traduction de Lewis, *par* WITCOMB, *Tab.* VIII, *Var.* 19.

1. Un gambit qui n'est pas trop recommandé par les auteurs.   2. Il aurait mieux valu revenir avec le Fou sur la deuxième case du Roi ou sur la quatrième case du Cavalier et échanger des pièces. Le Fou à sa troisième gêne la sortie du Cavalier et fait perdre plusieurs temps : c'est à ce coup que l'on peut attribuer la perte de la partie.   3. Les pièces des Blancs sont mieux dégagées.   4. Croyant que l'on ne peut le reprendre sans perdre l'échange ; mais c'était une erreur qui fait perdre la pièce.   5. Une faible compensation pour la pièce perdue.   6. Il n'y a plus de remède pour le second joueur ; il se défend comme un lion ; mais contre la force il n'y a pas de résistance.

ALEXANDER.

TREIZIÈME PARTIE.

Jouée le 26 octobre 1843,

ENTRE

MM. O'SULLIVAN ET KIESERITZKY.

O'SULLIVAN.	KIESERITZKY.	O'SULLIVAN.	KIESERITZKY.	O'SULLIVAN.	KIESERITZKY.
1. e 45	e 55	11. c 34-D	C 36-G	21. F 23-B	A 23-F
2. f 46	e 46-f	12. g 36-C	F 44-d	22. H 27	A 27-H
3. F 43	b 52 (1)	13. B 35	F 55-e	23. E 27-A	G 63
4. F 32 (2)	C 72	14. B 52-b	c 63	24. A 14	E 75
5. d 34	D 48 ×	15. c 44	c 52-B	25. a 31	H 83
6. E 16	F 53	16. c 55-F	B 63	26. A 24	G 51
7. d 44 (3)	F 62	17. C 46-e	G 75	27. C 48 ×	f 66
8. G 36	D 66	18. C 37	B 44	28. c 66 × f	g 66-c
9. e 55	D 56	19. F 14	A 83	29. E 37	G 43
10. D 34 (4)	D 34 × D	20. H 17	B 23	30. A 23	A 87 ×

O'SULLIVAN.	KIESERITZKY.	O'SULLIVAN.	KIESERITZKY.	O'SULLIVAN.	KIESERITZKY.
31. E 46	H 17	37. C 64✕d	E 64-C	43. A 22	E 62
32. C 26	H 12	38. A 22-G	H 44✕	44. E 45	H 38
33. C 44	a 51	39. E 56	H 42	45. E 54	a 41
34. a 41	H 14	40. A 24✕	E 53	46. A 25	H 58✕
35. C 53✕	d 64	41. E 66-g	H 46✕	47. E 64	E 52-a
36. a 52-c	G 22-b	42. E 55	H 36-g		

1. Les Noirs offrent ce Pion pour être à même de développer leur jeu plus rapidement. Théoriquement parlant, le coup est mauvais[1].   2. Le Pion aurait pu être pris sans danger.   3. 7 D 36 aurait peut-être été un meilleur coup.   4. Ce coup donne aux Noirs le moyen de rompre les Pions du centre de leur adversaire. A partir de ce point jusqu'à la fin de la partie, la position est toujours en faveur des Noirs.   HENDERSON.

[1] Nous invitons nos lecteurs à regarder la partie suivante. Ils verront comment les Noirs profitent de la prise du Pion.   L. K.

QUATORZIÈME PARTIE.

Jouée le 30 octobre 1845,

ENTRE

MM. DEVINCK et KIESERITZKY.

DEVINCK.	KIESERITZKY.	DEVINCK.	KIESERITZKY.	DEVINCK.	KIESERITZKY.
1. e 45	e 55	8. d 34	F 53-B	15. d 54-G	B 74
2. f 46	e 46-f	9. b 53-F	f 45-e	16. b 43	B 55
3. F 43	b 52 (1)	10. d 45-f	G 66	17. D 33	e 36
4. F 52-b	D 48✕	11. F 34	o—o	18. g 57	D 43✕b
5. E 16	C 72 (2)	12. C 51	d 64	19. D 43-D	B 45-D
6. B 33	F 42 (3)	13. F 43✕	E 88	20. C 42	e 26
7. D 36 (4)	f 56 (5)	14. F 54	G 54-F	21. G 38	C 54-d

1. Cette manière de défense semble en effet être avantageuse, car si les Blancs prennent, les Noirs auront la meilleure partie, du moins l'attaque.   2. Un bon coup. Le Fou, à cette case, devient plus tard très dangereux.   3. A la première vue ce coup paraît faible, mais dès qu'on le regarde de près, il sera probablement le meilleur.   4. Coup très faible.
5. Ce coup décide pour la suite, ou plutôt il donne l'avantage aux Noirs pendant toute la partie.   KLING.

[*] Cette défense contre le gambit du Fou s'appelle le gambit Bryan, selon le nom de notre très cher ami, qui a bien voulu se donner la peine de l'étudier avec nous. Cette défense est très fertile en jolies variantes; elle a encore le mérite de donner l'attaque aux Noirs   L. K.

QUINZIÈME PARTIE.

Jouée le 23 mars 1844,

ENTRE

MM. PAULIER et AZEVÉDO.

PAULIER.	AZEVÉDO.	PAULIER.	AZEVÉDO.	PAULIER.	AZEVÉDO.
1. e 45	e 55	11. E 26 (3)	D 75 (4)	21. e 55	b 54-d
2. f 46	e 46-f	12. B 33	G 66	22. B 54×b	E 83
3. G 56	g 57	13. G 54	G 54-G	23. e 64-d	D 71×
4. h 48	g 47	14. B 54-G	D 84	24. C 35	D 72
5. G 55	h 58	15. H 15	C 65	25. e 73-c	A 71
6. F 43	G 68 (1)	16. F 52	a 61	26. B 62×	E 73-e
7. d 44	d 64	17. C 57	D 82	27. D 74×C	E 82
8. G 34	e 36	18. F 63×B	b 63-F	28. C 46× (5)	———
9. g 37	B 63	19. B 66×	E 84		
10. G 46 (2)	G 87	20. d 54	C 74		

Traduction de LEWIS, *par* WITCOMB, *Tab.* XVI, *Var.* 6 et 6.

1. 6 $\overline{H\,78}$ est un peu plus avantageux que 6 $\overline{G\,68}$, car h reste défendu. 2. Coup juste, c 33 n'eût pas été aussi bon, car dans cette partie il faut absolument conserver la case 33 au Cavalier de la Dame. 3. Dans cette partie, les Blancs ne roquent que très rarement. A la case 26 le Roi est à l'abri de toute attaque. 4. La sortie de la Dame cause la perte de la partie, car, attaquée par le Cavalier, elle est obligée de rentrer, et par conséquent les Blancs gagnent des temps qui sont, dans des positions semblables, d'une valeur énorme.

5. Les Blancs ont joué tous les coups avec un aplomb et une précision admirables. Sans perdre le moindre temps ils ont toujours attaqué d'une manière ferme et forte.

L. K.

SEIZIÈME PARTIE.

Jouée en mai 1840,

ENTRE

MM. KIESERITZKY et LAROCHE.

KIESERITZKY.	LAROCHE.	KIESERITZKY.	LAROCHE.	KIESERITZKY.	LAROCHE.
1. e 45	e 55	5. G 55	h 58	9. g 37 (1)	C 65
2. f 46	e 46-f	6. F 43	G 68	10. d 54	C 74
3. G 56	g 57	7. d 44	d 64	11. C 46	F 77
4. h 48	g 47	8. G 34	e 36	12. e 33	D 75

KIESERITZKY.	LAROCHE.	KIESERITZKY.	LAROCHE.	KIESERITZKY.	LAROCHE.
13. E 26	O—O	20. A 15	a 61	27. c 55	D 55-c
14. D 24	E 78	21. B 64	B 74 (2)	28. D 55-D	d 55-D
15. H 15	f 66	22. B 73-c (3)	B 55	29. A 55-d	A 85
16. B 31	C 85	23. G 55-B (4)	f 55-G	30. A 57	G 66
17. B 23	C 67	24. B 85-H	f 46-C	31. A 67-C (5)	E 67-A
18. B 44	G 87	25. B 77-F	f 35 ✕ H	32. F 34 ✕	G 45 ✕
19. H 35	H 85	26. D 35-f	D 77-B	33. E 35	E 66

Traduction de LEWIS, *par* WITCOMB, *Tab.* XIV, *Var.* 5, 6.

1. Dans cette position, M. Heydebrand recommande 9 g 36-e. Selon lui, ce coup fait regagner le Pion du gambit.   2. Coup parfaitement joué. Les Blancs ne peuvent prendre c sans perdre la partie.   3. Évidemment joué avec trop de confiance, sans examiner ce qui peut en résulter. Jusqu'à ce coup nous préférons la position des Blancs.
4. Si 23 c 55-B les Blancs perdent également une pièce.   5. Un mauvais coup, mais de toute manière la partie était perdue.   HENDERSON.

DIX-SEPTIÈME PARTIE.

Jouée le 6 janvier 1841,

ENTRE

MM. KIESERITZKY et LEMAITRE.

KIESERITZKY.	LEMAITRE.	KIESERITZKY.	LEMAITRE.	KIESERITZKY.	LEMAITRE.
1. e 45	e 55	12. B 33	c 65	23. D 45	G 65-G
2. f 46	e 46-f	13. G 46	G 76	24. d 65 ✕ G	E 77
3. G 36	g 57	14. G 65	D 75	25. H 14	H 84
4. h 48	g 47	15. d 54	G 55	26. H 54	E 67
5. G 55	h 58	16. C 46	F 68	27. A 14 (6)	D 75
6. F 45	G 68 (1)	17. E 26 (2)	F 46-C	28. B 64-d	B 54-H (7)
7. d 44	d 64	18. g 46-F	G 67	29. D 54-B	H 54-B
8. G 34	e 56	19. E 37	E 76	30. g 56 ✕	E 77
9. g 37	C 65	20. D 44	c 55	31. D 64-H	A 85
10. F 52	C 52-F (3)	21. D 34	G 86 (5)	32. e 55 (8)	—
11. a 32-C	f 66 (3)	22. B 52	B 64		

Traduction de Lewis, *par* WITCOMB, *Tab.* xiv, *Var.* 5, 6.

1. Peut-être la Tour à sa deuxième case valait mieux.   2. Ce Fou ne gênait en rien. En le prenant, on perd un temps et l'on fait dégager les pièces de son adversaire.
3. Pour enfermer et son Fou et sa Dame, en même temps pour avoir le plaisir d'attaquer.
4. Coup de maître ; dans la prévoyance de l'échange du Fou, réunir les Pions au centre et les soutenir par le Roi.   5. C'est perdre bien du temps pour arriver à échanger des pièces.   6. Voilà les Tours bien placées.   7. Mal joué. On perd la pièce et la partie.
8. La fin de cette partie est admirable du côté des Blancs.   Alexander.

DIX-HUITIÈME PARTIE.

Jouée en 1841,

ENTRE

MM. KIESERITZKY et EHRMANN.

KIESERITZKY.	EHRMANN.	KIESERITZKY.	EHRMANN.	KIESERITZKY.	EHRMANN.
1. e 45	e 55	15. G 46	D 66 (3)	29. A 61-a	A 43
2. f 46	e 46-f	16. G 54	F 68	30. A 81 $\times$	E 81-A
3. G 36	g 57	17. E 26	o-o-o	31. G 63	b 65-G
4. h 48	g 47	18. a 41	E 82	32. D 51 $\times$	E 82
5. G 55	h 58	19. b 42	H 78	33. H 11	E 83
6. F 43	G 68	20. C 68-F	G 68-C	34. D 81 $\times$	E 74
7. d 44	d 64	21. D 24	A 88	35. a 72	A 23-c
8. G 34	e 36	22. b 52	B 25	36. d 63 $\times$ b	E 75
9. g 37	C 65	23. a 51	G 76	37. D 84 $\times$ G	E 84-D
10. F 65-C	f 65-F	24. b 62	c 62-b	38. a 82+D $\times$	E 75
11. G 46	f 55	25. a 62-c	a 61	39. H 71 $\times$	E 65
12. G 58-h (1)	B 65 (2)	26. B 52	A 83 (4)	40. D 32 $\times$	A 43
13. d 54	B 44	27. B 73	G 84	41. D 43 $\times$ A	d 54
14. B 33	G 76	28. G 42	A 75-B	42. D 54-d $\times$	

Traduction de Lewis *par* WITCOMB, *Tab.* xiv, *Var.* 5, 6.

1. Ce coup aurait dû coûter la partie aux Blancs.   2. Par $\overline{\text{G 76}}$ on gagnait le Cavalier.   3. Les Noirs auraient dû prendre le Cavalier immédiatement, et si alors 16 $\frac{\text{D 44-B}}{\text{e 37-g}}$ et ils obtenaient une position irrésistible.   4. Mal joué. Ils pouvaient forcer la partie de deux différentes manières : 1 26 $\overline{\text{H 48-h}}$. Si les Blancs ne prenaient pas la Tour, celle-ci donnerait échec à 28, et les Noirs gagneraient facilement alors 27 $\frac{\text{H 48-H}}{\text{A 48-H}}$ 28, $\frac{\text{g 48-A}}{\text{D 48}\times\text{g}}$ 29, $\frac{\text{E 16}}{\text{g 37}}$ et gagnent ou 27, $\frac{\text{g 48-H}}{\text{A 48-g}}$ 28, $\frac{\text{H 48-A}}{\text{D 48}\times\text{H}}$ 29, $\frac{\text{E 35}}{\text{D 57}\times}$ 30, $\frac{\text{G 46}}{\text{f 46}\times\text{G}}$ 31, $\frac{\text{E 26}}{}$

car sans cela le Cavalier donnerait le mat à 55, alors 31 $\overline{D58}$ et gagnent. Si 28 les Blancs refusent de prendre la seconde Tour en jouant la leur ailleurs : g 57 ✕ ou A 28 ✕ et les Noirs gagneraient dans les deux cas. II. 26, $\overline{G57}$ 27, $\overline{\frac{D57-G}{G57}}$ (((Si 27, $\frac{h 57-G}{H 28 ✕}$ 28, $\frac{H 28-H}{A 28 ✕ H}$ mll. 29, $\overline{\frac{E25}{}}$ ((Si 29, $\frac{E 16}{B 57 ✕ g}$ 30, $\overline{E 15}$ (Si 30, $\frac{E 17}{A 24-D}$ 31, $\frac{h 66-D}{A 27 ※}$) 30, $\overline{e 26 ✕}$ 31, $\frac{D26-e}{A 18 ✕}$ mll. (Si 31, $\frac{G 26-e}{※ \text{en 2 c.}}$) 32, $\frac{E 24}{D 57 ✕ h}$ 33, $\frac{E 53}{B 45-e}$ et gagnent)) 29, $\overline{e 26 ✕}$ 30, $\frac{E 25-B}{e 16+D ✕}$ et 31, $\overline{※}$))) 27, $\overline{\frac{}{D 57-D}}$ 28, $\frac{h 57-D}{H 18-H}$ 29, $\frac{A 18-H}{A 18-A}$ 30, $\frac{B 64-d}{A 28 ✕}$ 31, $\overline{\frac{E 55}{B 44}}$ 32, $\frac{G 55-f}{B 25 ✕ e}$ et gagnent, parce que les Blancs sont obligés de poster leur Roi à une case où il sera exposé à un échec par la Dame que les Noirs se feraient en deux coups. Nous ferons observer cependant que si les Noirs avançaient le Pion avant de prendre le Pion du Fou avec le Cavalier, ils perdraient probablement la partie, car les Blancs donneraient en premier lieu échec à 74 et puis joueraient H 85.

STAUNTON.

DIX-NEUVIÈME PARTIE.

Jouée le 17 septembre 1844,

ENTRE

MM. PHILIBERT et CLÉMENT.

	PHILIBERT.	CLÉMENT.		PHILIBERT.	CLÉMENT.		PHILIBERT.	CLÉMENT.
1.	e 45	e 55	11.	C 37	H 86	21.	B 66	B 66-B
2.	f 46	e 46-f	12.	O-O ✕ (2)	E 87	22.	A 66-B	D 35 ✕
3.	G 56	g 57	13.	B 35	C 65	23.	E 28	A 87
4.	h 48	g 47	14.	D 34	B 74 (3)	24.	C 55	E 78
5.	G 55	h 58	15.	e 55	D 85	25.	D 75 ✕	A 77
6.	F 43	G 68	16.	e 64-d	c 64-e	26.	D 85	A 75 (4)
7.	d 44	d 64	17.	C 64-e	H 16 ✕ H	27.	D 88 ✕	E 88-D
8.	G 76-f (1)	G 76-G	18.	A 16-H	C 76	28.	A 86 ✕	E 78
9.	F 76 ✕ G	E 76-F	19.	B 45	C 67	29.	A 88 ※ (5)	
10.	C 46-e	F 68	20.	D 43 ✕	E 88			

Traduction de LEWIS, par WITCOMB, *Tab.* XIV, *Var.* 5, 6.

1. Si les Noirs avaient joué au sixième coup H 78, les Blancs auraient pu faire sans désavantage ce qu'ils font maintenant, car ils auraient conservé une Tour et un Pion contre deux petites pièces. Dans le cas actuel, ils ont tort de faire ce sacrifice. Il fallait tout simplement retirer G 34.   2. En Italie, bien qu'on roque librement, ce coup ne serait pas permis. L'usage de ce pays, dans cette circonstance, n'accorde le droit ni au Roi ni à la Tour d'attaquer une pièce adverse; mais rien n'empêche de défendre en roquant ses propres pièces.   3. C 76 eût été mieux joué. On garantissait la case 67 contre la Dame, et, par conséquent, on pouvait sauver le Pion.   4. On devait pousser 26 g 37 ✕ et les Noirs gagnaient

forcément la partie. Les Blancs ne pouvaient jouer 27 E18 à cause de 27 $\overline{D15\times}$. Ils n'avaient donc le choix qu'entre I. 27, $\frac{C37\text{-}g}{\quad}$ ou II 27, $\frac{E38}{\quad}$ Si 27, $\frac{C37\text{-}g}{D37\times C}$, 28, $\frac{E37\text{-}D}{C56\times}$ et puis 29, $\frac{\quad}{C83\text{-}D}$ Les Noirs restaient alors avec les deux Fous contre trois Pions, partie bien facile à gagner. Si 27, $\frac{E38}{D17}$ 28, $\frac{C57\text{-}g}{D18\times}$ 29, $\frac{C28}{C45}$ 30, $\frac{A68\times F}{E68\text{-}A}$ 31, $\frac{D65\times}{C67}$ et puis 32, $\frac{\quad}{E78}$ Avec une Tour de plus les Noirs gagneraient aisément. Si 31, $\frac{D88\times}{C78}$ et le mat serait inévitable. 5. Brillamment terminé une partie très intéressante.

L. K.

VINGTIÈME PARTIE.

Jouée en 1842,

ENTRE

MM. KIESERITZKY et CALVI.

KIESERITZKY.	CALVI.	KIESERITZKY.	CALVI.	KIESERITZKY.	CALVI.
1. e 45	e 55	14. C 24	E 86 (5)	27. B 57 ×	E 87
2. f 46	e 46-f	15. A 15	D 62	28. A 75-G (9)	D 75-A
3. G 36	g 57	16. C 35	D 73	29. H 15	D 66
4. h 48	g 47	17. F 65 (6)	b 52	30. H 85 ×	F 86
5. G 55	h 58 (1)	18. b 42	B 62	31. G 67	C 56 (10)
6. F 43	H 78	19. F 32	a 51	32. D 66-C	D 56-D
7. d 44	d 64	20. a 31	a 41	33. G 75 ×	E 77
8. G 34	e 36	21. F 21	C 72	34. G 56 × D	E 66
9. g 37 (2)	c 63	22. e 55	d 54 (7)	35. H 65 ×	E 56-G
10. G 46	G 75	23. e 65	C 83	36. F 12	l'importe quoi.
11. B 33	B 74 (3)	24. C 13	D 64	37. e 35 ※	
12. E 26	H 88 (4)	25. e 76-f	E 76-e		
13. D 34	F 77	26. B 45 (8)	D 73		

Traduction de LEWIS, *par* WITCOMB, *Tab.* XIV, *Var.* 5, 6.

1. Voilà M. Kieseritzky lancé dans ce début, qu'il a proclamé pendant longtemps irrésistible. Sans partager son opinion à cet égard, nous pensons qu'après le cinquième coup des Noirs (le Pion h 58), la partie des Blancs offre une foule de ressources dont on doit tirer un grand parti, lorsque, comme M. Kieseritzky, l'on a travaillé le terrain dans tous les sens.   2. Nous renverrons à l'article de M. Heydebrand de Lasa, inséré dans le *Nouveau Palamède* (2ᵉ série, p. 298 à 507). On voit que les Noirs l'ont étudié, car jusqu'ici leurs coups de défense sont les meilleurs.   3. Marche indiquée par M. Heydebrand, pour faire occuper aux Cavaliers noirs leurs troisièmes cases, position où il les juge le mieux placés pour la défense de ce gambit.   4. Retraite prématurée.   5. Coup de prudence

joué dans la prévision que la ligne du Roi sera ouverte par les Blancs.   6. Temps perdu, car les Noirs ne peuvent prendre. Ce Fou sera forcé de revenir à son point de départ. 7. Prendre le Pion nous semble meilleur que de pousser; les Noirs se seraient fait ainsi une ouverture pour leur Tour de la Dame.   8. Coup précieux, qui réunit les deux Cavaliers en attaque sur le Roi. Ici la partie des Blancs a un avantage de position évident.   9. Au lieu de ce coup, le Cavalier, à la 67, nous semble décisif.   10. Mauvais coup, qui achève la déroute des Noirs; les Blancs, du reste, ont très bien conduit cette fin de partie : ils la terminent par un mat brillant.   LAROCHE.

VINGT-ET-UNIÈME PARTIE.

Jouée le 12 novembre 1845,

ENTRE

MM. KIESERITZKY et DEVINCK.

KIESERITZKY.	DEVINCK.	KIESERITZKY.	DEVINCK.	KIESERITZKY.	DEVINCK.
1. e 45	e 55	12. D 34	B 61 [2]	23. B 53	D 63
2. f 46	e 46-f	13. F 61-B	b 61-F	24. c 43 [6]	E 87 [7]
3. G 36	g 57	14. D 43 [3]	C 72	25. B 65	A 64
4. h 48	g 47	15. E 26	A 83 [4]	26. c 54-c	G 54-c
5. G 55	h 58	16. H 15	F 77	27. A 13	D 74 [8]
6. F 43	H 78	17. C 35	E 86 [5]	28. B 53	D 52
7. d 44	d 64	18. A 14	d 54	29. B 72-C	D 72-B
8. G 34	e 36	19. D 42	D 62	30. D 64-A	G 46-G
9. g 37	H 88 [1]	20. D 31	A 84	31. D 46-G [9]	D 22×b
10. G 46	G 75	21. e 54-d	c 54-e	32. C 24	F 44×d
11. B 33	c 63	22. B 41	D 73	33. D 35	D 24×C

Traduction de LEWIS, *par* WITCOMB, *Tab.* XIV, *Var.* 5, 6.

1. B̄ 74 aurait mieux valu.   2. Coup bien faible.   3. Coup très avantageux. 4. F 77 valait mieux pour donner de l'air au Roi.   5. Pour éviter la forte attaque, on aurait dû pousser d 54.   6. Le meilleur coup de toute la partie.   7. Ce coup paraît mauvais, mais aucun autre coup n'aurait probablement amélioré la position.   8. D 62 était préférable.   9. On aurait dû prendre C 46. C'est dommage de perdre la partie par une distraction.   KLING.

VINGT-DEUXIÈME PARTIE.

Jouée le 22 novembre 1845,

ENTRE

MM. HARRWITZ et GREVILLE.

HARRWITZ.	GREVILLE.	HARRWITZ.	GREVILLE.	HARRWITZ.	GREVILLE.
1. e 45	e 55	12. d 54	O-O-O	23. D 57	G 75
2. f 46	e 46-f	13. D 44 (4)	d 54-d	24. H 58-h	H 67 (8)
3. G 36	g 57	14. F 54-d (5)	E 82	25. D 46	H 77-h
4. h 48 (1)	g 47	15. O-O-O	F 77	26. a 31	a 61
5. G 55	h 58	16. e 55	f 56	27. A 34	D 76
6. F 43	H 78	17. C 57 (6)	F 68	28. H 57	H 57-H
7. d 44	e 36 (2)	18. D 46	F 57-C	29. D 57-H	G 63
8. g 37	B 63	19. h 57-F	A 86	30. B 14	A 35-e
9. G 63-B	d 63-G	20. h 67 (7)	H 68	31. A 84 ✗	E 71 (9)
10. B 53 (3)	D 75	21. F 65-C	D 65-F	32. A 34	D 21
11. C 46	C 65	22. h 77	A 85	33. A 35	D 65

Traduction de LEWIS, *par* WITCOMB, *Tab.* XLV, *Var.* 5, 6.

1. Malgré toute la peine que nous nous sommes donnée pour trouver une défense efficace contre ce gambit, nous revenons toujours à notre avis primitif, que nous n'en trouvons aucune. Jaenisch (vol. 2, page 213), déclare l'attaque par 4, h 48 inférieure à celle par 4 F 43. Heydebrand (p. 205) se prononce un peu moins défavorablement. Walker (*New-Treatise ou Chess*, 3ᵉ édit., p. 12) ne l'approuve pas non plus. Enfin, Lewis (v. Tabl. XIV) la dit probablement moins bonne. Les autres auteurs s'en occupent trop peu pour les mentionner, et il y aura assez de mérite pour nous si nous parvenons à convaincre les quatre plus savants auteurs de l'époque. Heureusement nous en avons un cinquième aussi savant qu'eux, M. Calvi, qui est presque de notre avis, et nous espérons trouver encore plus de partisans. L'espace de cette brochure ne permet pas d'analyser soigneusement la question, mais nous en donnerons assez de variantes pour pouvoir attendre tranquillement une rectification de la part de nos honorables adversaires. **2.** Jaenisch (vol. 2, 214) : « Ce coup, ainsi que les suivants, ont été donnés par M. de Heydebrand dans un Mémoire publié dans le *Palamède* du 15 juin 1842. » Dans ce même Mémoire (page 298) on trouvera que nous avons donné nous-même ce coup, et nous prions M. George Walker de le témoigner. Quant à la valeur de ce coup, nous avouons qu'il nous inquiète fort peu. Voyez le treizième coup. **3.** Au lieu de cela, on pourrait jouer C 46 et le coup suivant B 33. **4.** Voilà le coup juste auquel les Noirs peuvent répondre I. d 53, II. d 54-d, III. E 82. Voici à peu près la suite de ces trois réponses :

I. 13, $\frac{}{d\,53}$ 14, $\frac{D\,35}{C\,74}$ 15, $\frac{h\,42}{E\,82}$ (Si 15, $\frac{}{b\,62}$ 16, $\frac{F\,61 \times}{E\,82}$ 17, $\frac{d\,64}{c\,64\text{-}d}$

18, $\frac{b\,53\text{-}d}{}$ et cet et si 15, $\frac{}{d\,42\text{-}b}$ 16, $\frac{D\,71\text{-}a}{}$) 16, $\frac{d\,64}{c\,64\text{-}d}$ 17, $\frac{h\,53\text{-}d}{D\,66}$

18, $\frac{e\,55}{D\,67}$ 19, $\frac{F\,34}{C\,56}$ 20, $\frac{e\,64\text{-}c}{G\,66}$ 21, $\frac{A\,12}{E\,81}$ 22, $\frac{B\,52}{G\,54}$ 23, $\frac{b\,63}{G\,35\text{-}D}$

24, $\frac{B\,73\times}{E\,82}$ 25, $\frac{A\,72\times h}{E\,83}$ 26, $\frac{F\,64}{G\,23\times c}$ 27, $\frac{E\,26}{F\,64\text{-}e}$ 28, $\frac{A\,71\times a}{E\,82}$ 29, $\frac{H\,12\times}{G\,42}$

30, $\frac{H\,42\times G}{F\,42\text{-}H}$ 31, $\frac{A\,72\times}{E\,83}$ 32, $\frac{A\,62\times}{}$ II. 13, $\frac{}{d\,51\text{-}d}$ 14, $\frac{\circ\text{-}\circ\text{-}\circ}{E\,82}$ 15, $\frac{e\,54\text{-}d}{C\,74}$

(Si $\frac{}{F\,77}$ 16, $\frac{D\,45}{}$ -mais si $\frac{}{C\,56}$ 16, $\frac{B\,52}{}$) 16, $\frac{H\,15}{D\,42}$ 17, $\frac{B\,52}{F\,53}$

18, $\frac{e\,73\times c}{E\,83}$ 19, $\frac{D\,46}{}$ -et gagnent. Et si 16, $\frac{}{D\,53}$ 17, $\frac{e\,64}{D\,44\text{-}D}$ 18, $\frac{e\,73\times c}{E\,83}$

19, $\frac{A\,44\text{-}D}{}$ Mais si 16 $\frac{}{D\,66}$ 17, $\frac{B\,52}{D\,44\text{-}D}$ 18, $\frac{C\,73\times c}{E\,83}$ 19, $\frac{A\,44\text{-}D}{a\,61}$ 20, $\frac{C\,84\text{-}A}{a\,52\text{-}B}$

21, $\frac{F\,52\text{-}a}{E\,84\text{-}C}$ 22, $\frac{H\,85\times}{E\,75}$ 23, $\frac{H\,86\text{-}F}{}$ III. 13, $\frac{}{E\,82}$ Voir la partie suivante. 5. Il aurait mieux valu roquer pour pouvoir prendre plus tard avec le Pion, en ouvrant une ligne pour
la Tour H. 6. Contre un adversaire moins fort que M. Greville, les Blancs auraient pu prendre
F 65-C mais cela eût été très hasardé à cause du Pion avancé à 56. Cependant ce coup
valait autant que le coup joué, dont les Noirs paralysent l'effet par leur réponse. Selon nous, on
aurait dû laisser F en prise et jouer B 52. 7. Il ne fallait pas pousser ce Pion, qu'on
pouvait rendre très utile. 8. Coup décisif. 9. Si $\frac{}{B\,84\text{-}A}$ 32, $\frac{D\,84\times B}{E\,71}$ 33, $\frac{D\,44\times}{}$

L. K.

VINGT-TROISIÈME PARTIE.

Jouée le 16 novembre 1845,

ENTRE

MM. HARRWITZ et GREVILLE.

HARRWITZ.	GREVILLE.	HARRWITZ.	GREVILLE.	HARRWITZ.	GREVILLE.
1. e 45	e 55	10. B 33	D 75	19. A 64 (2)	F 68 (3)
2. f 46	c 46-f	11. C 46	C 65	20. H 14	F 46×C
3. G 36	g 57	12. d 54	○-○-○	21. D 46-F (4)	A 64-A
4. h 48	g 47	13. D 44	E 82	22. e 64-A	D 84
5. G 55	h 58	14. ○-○-○	F 77 (1)	23. B 45	G 68
6. F 43	H 78	15. e 55	d 54-d	24. B 53	a 61
7. d 44	e 56	16. F 54-d	c 63	25. e 74×	D 73 (5)
8. g 57	B 63	17. D 45	H 88	26. e 84+D×	H 84-D
9. G 63-B	d 63-G	18. F 65-C	f 65-F	27. H 84×H	——

Traduction de LEWIS, *par* WITCOMB, *Tab.* XIV, *Var.* 5, 6.

1. Au lieu de ce coup les Noirs pouvaient jouer I. $\overline{d\,53}$, II. $\overline{d\,54\text{-}d}$, III. $\overline{C\,83}$, IV. $\overline{F\,68}$, V. $\overline{G\,66}$.
Si I. 14, $\frac{}{d\,53}$ 15, $\frac{D\,35}{C\,83}$ (Si $\frac{}{C\,74}$ 16, $\frac{b\,42}{}$ voir la partie précédente, note 4, 1)

16, $\frac{B52}{F68}$ ―― (17, $\frac{B73\text{-c mal}}{D75\text{-B}}$) 17, $\frac{d64}{c64\text{-d}}$ ―― 18, $\frac{B64\text{-C}}{}$ ―― et la position des Blancs sera bien préférable à celle des Noirs. Si II. 14, $\overline{d54\text{-d}}$ (voir la partie précédente, note 4, II). Si III $\overline{14\,C83}$ 15, $\frac{e55}{d53}$ ―― 16, $\frac{D45}{H88}$ ―― 17, $\frac{d64}{c64\text{-d}}$ ―― 18, $\frac{e64\text{-c}}{D45\text{-D}}$ ―― 19, $\frac{B45\text{-D}}{}$ ―― les Blancs regagnent facilement le Pion et restent dans une position avantageuse 15 $\frac{}{d54\text{-d}}$ 16 $\frac{B54\text{-d}}{D53}$ 17 $\frac{D45}{H88}$ 18, $\frac{B73\text{-c}}{D73\text{-B}}$ 19, $\frac{e65}{A64}$ ―― (Si 19, $\frac{}{F64}$ 20, $\frac{A64\text{-F}}{A64\text{-A}}$ 21, $\frac{H14}{}$ ―― et gagnent la Dame) 20, $\frac{e75}{}$ Si IV 14 $\frac{}{F68}$ ―― 15, $\frac{C68\text{-F}}{H68\text{-C}}$ 16, $\frac{H15}{d53}$ ―― 17, $\frac{D35}{C74}$ ―― 18, $\frac{e55}{}$ ―― Les Noirs sont tellement serrés qu'ils n'arriveront jamais, malgré leur avantage matériel, à se tirer d'embarras. V. 14 $\frac{}{G66}$ ―― (Si 15, $\frac{C57}{F68}$ ――) alors 15, $\frac{e55}{}$ ―― et gagnent. 2. Mal calculé; 19, C 57 terminait plus promptement. 3. Au quatorzième coup la case 68 avait bien une autre portée pour le Fou que maintenant, où les Tours blanches commencent à dominer le jeu. Le Cavalier et la Tour du Roi noir sont condamnés à une espèce de neutralité permanente. 4. La Dame occupe ici une place d'où elle menace le Roi adverse. 5. Ce coup fait perdre la partie immédiatement, mais elle l'était toujours, car si 25, $\overline{E81\,\text{ou}\,71}$, 26, $\overline{B65\text{-f}}$.

L. K.

VINGT-QUATRIÈME PARTIE.

Jouée le 21 septembre 1843,

ENTRE

MM. LE SÉNÉCHAL et BENOIT-CRAMPEL.

	LE SÉNÉCHAL	B. CRAMPEL.		LE SÉNÉCHAL	B. CRAMPEL.		LE SÉNÉCHAL	B. CRAMPEL.
1.	e 45	e 55	13.	B 54	D 84 (3)	25.	F 41 (6)	b 52
2.	f 46	e 46-f	14.	C 57 (4)	D 83	26.	F 32	D 63
3.	G 36	g 57	15.	o―o	C 65	27.	a 41	a 61
4.	h 48	g 47	16.	c 33	D 74	28.	A 15	o―o―o
5.	G 55	h 58	17.	b 42	C 54-B	29.	A 65-B (7)	H 87
6.	F 43	H 78	18.	F 54-C (5)	B 84	30.	A 75	A 74
7.	d 41	F 64 (1)	19.	D 23	c 63	31.	D 56	E 73
8.	C 46-e	F 55-G	20.	e 55	H 77	32.	F 54-c	D 62 ×
9.	C 55-F	B 63	21.	F 32	B 65	33.	E 18	A 75-A
10.	C 46	D 66 (2)	22.	C 66	G 66-C	34.	e 75-A	D 35
11.	C 35	d 64	23.	e 66-G	H 67	35.	D 76-f	――
12.	B 33	C 74	24.	d 54	c 54-d			

Traduction de LEWIS, *par* WITCOMB, *Tab.* XIV, *Var.* 5, 6.

1. Ce coup n'est pas régulier; car, en thèse générale, on ne doit pas placer ses pièces

devant les Pions du centre, parce qu'on paralyse ainsi la Tour, le Fou, le Pion de la Dame, et en quelque sorte la Dame elle-même. Il fallait jouer d $\overline{64}$, ou si l'on veut absolument e $\overline{36}$, coup dont quelques auteurs se promettent des merveilles.   2. Cette sortie n'est point avantageuse. La Dame sera renvoyée bientôt par le Cavalier.   3. Cette perte de temps amène la perte de la partie.   4. Bon coup d'attaque, qui force la Dame à se déplacer; car si $\overline{B\,75}$ 15, $\frac{C\,75\text{-}B}{G\,75\text{-}C}$ 16, $\frac{B\,66\times}{E\,86}$ 17, $\overline{B\,78\times\text{II}}$ 5. 18, $\overline{e\,54\text{-}C}$ était plus fort; car on pourrait jouer après 19, $\overline{D\,34}$ et 20, $\overline{A\,15\times}$ 6. Ce coup est inutile, mais il paraît que les Blancs l'ont fait dans une distraction momentanée, croyant gagner la Dame ainsi.   7. La partie était déjà dans un état tel, que la perte de la pièce, due au roc, n'a pas considérablement aggravé la position.   L. K.

VINGT-CINQUIÈME PARTIE.

Jouée en mars 1846,

ENTRE

MM. LÉVY et SASIAS.

LÉVY.	SASIAS.		LÉVY.	SASIAS.		LÉVY.	SASIAS.
1. e 45	e 55	16.	D 68-F	C 56	31.	C 46	H 85
2. f 46	e 46-f	17.	C 46-e	C 67	32.	H 85-H	A 85-H
3. G 36	g 57	18.	F 32 (9)	B 74	33.	E 27	A 15
4. F 43	g 47	19.	C 24	B 53	34.	F 36	A 12
5. O-O (1)	g 36-G	20.	H 15	D 66	35.	b 42	H 22 ×
6. D 56-g	D 66 (2)	21.	B 45	B 45-B	36.	E 16	A 21-a
7. e 55 (3)	D 55-e	22.	d 45-B	D 77 (10)	37.	C 55	a 51
8. d 34 (4)	F 68	23.	D 77 × D	E 77-D	38.	b 51-a	A 51-b
9. C 24	G 75 (5)	24.	C 33 ×	f 66	39.	C 44	C 65
10. B 33	c 63	25.	d 55	f 55-d	40.	F 25	C 54
11. A 15	D 53 ×	26.	C 55 × f	E 68	41.	E 26	b 52
12. E 18	d 54	27.	g 37	C 56	42.	C 53	A 21
13. D 58	D 64 (6)	28.	c 33	E 67	43.	E 35	A 41
14. F 54-d	O-O (7)	29.	F 14	h 58	44.	C 42	A 11
15. A 75-G	D 75-A (8)	30.	h 48	A 84	45.	C 64	(11)

Traduction de LEWIS, *par* WITCOMB, *Tab.* XXIX, *Var.* 7, 15.

1. On nous adresse cette question : Pourquoi le traducteur de l'ouvrage de M. Lewis n'a-t-il pas mis les deux catégories du gambit Muzio, savoir : 5, d 44 et 5, O-O ensemble? Nous n'avons qu'à inviter nos lecteurs à jeter un coup d'œil sur les pages 19, 20, 182 et 185, de ladite traduction pour les convaincre que cela n'était pas possible, si l'on voulait rester fidèle au système adopté.   2. Cette manière de défense est considérée comme la meilleure;

cependant on n'a pas pu prouver d'une manière évidente qu'elle garantissait l'avantage aux Noirs.   3. Meilleur coup d'attaque, parce qu'il place la Dame dans une colonne ouverte, dans laquelle se trouve déjà son Roi. Par conséquent les Tours blanches gagnent une importance considérable.   4. En jouant d 44, on perdrait F.   5. Coup forcé, à cause de H 15.   6. La variante 13, dans le Tableau XXIX, finit ici, donnant l'avantage aux Noirs. Dans l'original, M. Lewis dit (page 362) : « Les Noirs ont certainement le meilleur jeu. » M. Heydebrand ne partage pas cet avis, car il démontre dans son excellent Traité (pag. 328 et 329) que les Blancs conservent une foule de manières d'attaque, et que la partie ne se gagne pas par les Noirs.   7. La prise du Fou serait mauvaise, car il en résulte 15, $\frac{B\,54\text{-}C}{}$ (si $\frac{}{C\,65}$ 16, $\frac{A\,65\text{-}C}{D\,65\text{-}A}$ 17, $\frac{B\,73\times}{}$) alors $\frac{}{B\,63}$ 16, $\frac{C\,33}{C\,47}$ 17, $\frac{D\,47\text{-}C}{H\,86}$ 18, $\frac{A\,75\times G}{B\,75\text{-}A}$ 19, $\frac{H\,15}{D\,54\text{-}B}$ 20, $\frac{C\,66}{D\,64}$ 21, $\frac{H\,75\times B}{D\,75\text{-}H}$ 22, $\frac{C\,75\text{-}D}{E\,75\text{-}C}$ 23, $\frac{D\,48\times}{E\,74}$ 24, $\frac{D\,68\text{-}F}{A\,85}$ 25, $\frac{h\,48}{}$ et les Blancs auraient évidemment l'avantage, ou 16, $\frac{}{D\,67}$ 17, $\frac{D\,67\text{-}D}{f\,67\text{-}D}$ 18, $\frac{C\,88\text{-}H}{E\,76}$ 19, $\frac{B\,46\text{-}e}{F\,46\text{-}B}$ 20, $\frac{H\,46\times F}{C\,56}$ 21, $\frac{C\,33}{G\,54}$ M. Heydebrand, dans l'ouvrage dont nous avons tiré ces variantes, considère la partie maintenant égale. A notre avis, les Blancs ont l'avantage ; car ils ont une Tour (qui vaut 5 Pions) et deux Pions contre deux Cavaliers, qui ne valent ensemble que six Pions. Outre cela, les Blancs ont un Pion passé, soutenu et soutenable. 16, O—O vaut mieux que $\overline{D\,67}$.   8. Après cette prise, les Noirs doivent perdre (Voir plus bas pourquoi). Ils auraient dû jouer c 54-F.   9. C'est une faute ; en jouant C 57 et puis C 66, les Blancs gagnaient forcément la partie. Voilà pourquoi les Noirs avaient tort de prendre la Tour avec la Dame.   10. Ce coup est nécessaire pour ne pas laisser jouer C 33.   11. D'un commun accord, la partie fut abandonnée comme nulle. En effet, les Noirs, quoique avec l'avantage de l'échange, ne gagneront qu'après une longue et pénible lutte.   L. K.

VINGT-SIXIÈME PARTIE.

Jouée en 184 ,

ENTRE

MM. MICHELEX et KIESERITZKY.

MICHELEX.	KIESERITZKY.	MICHELEX.	KIESERITZKY.	MICHELEX.	KIESERITZKY.
1. e 45	e 55	10. E 26	d 64 [6]	19. D 35	E 74
2. f 46	c 46-f	11. G 76-f	H 86	20. F 54	A 85 [8]
3. G 36	g 57	12. G 57	D 27 ×	21. A 16	C 45 × B
4. F 43	g 47	13. E 35	F 68	22. F 45-C	H 36
5. G 55	D 48 ×	14. E 34	B 63	23. D 36-H	g 36-D [9]
6. E 16	e 36 [1]	15. a 31	F 57-G	24. F 56-×	A 65
7. d 44 [2]	G 66 [3]	16. C 57-F	G 45-e [7]	25. d 54	B 55 ×
8. B 33 [4]	F 77 [5]	17. D 15	C 56	26. E 45	h 58
9. g 37	D 38 ×	18. B 45-G	e 26	27. d 65 × A	E 85 [10]

MICHELEX.	KIESERITZKY.		MICHELEX.	KIESERITZKY.		MICHELEX.	KIESERITZKY.
28. C 66	h 48	32.	E 66	D 16-A	36.	D 65 ×	E 53
29. C 55-B	d 55-C	33.	F 67-×	E 84	37.	h 42 ×	E 44
30. E 55-d	h 37-g	34.	d 75 ×	E 74	38.	D 55 ×	E 45
31. h 58	D 18-H (II)	35.	d 85+D ×	E 64	39.	F 76 ※	

Traduction de Lewis, *Tab.* xxxii-xxv.

1. Le gambit Cochrane, constitué par ces six premiers coups, donne naissance à des positions qui se distinguent par leur originalité. On verra, dans le courant de cette partie, comment les deux Rois et les deux Dames se trouvent, sous une attaque masquée, couverts par la même pièce. On verra plus tard la Dame noire dans une espèce de cage, forcée de se sacrifier sans que l'adversaire soit bien disposé à la prendre. En thèse générale, la défense de ce beau et brillant joueur est reconnue bonne et victorieuse, bien que nous ayons beaucoup d'observations à faire aux savantes démonstrations de MM. Heydebrand, Walker et Lewis. En Amérique, M. Ernest Morphy s'est créé un grand mérite par ses découvertes dans cette partie. 2. Meilleur coup, approuvé par feu de Labourdonnais dans son *Palamède* (vol. III, page 280). 3. M. Morphy croit, par ce coup, avoir détruit l'effet du d 44. 4. La seule et juste défense du Pion attaqué. 5. Coup traître qui vise à 44. Le Roi blanc se trouve souvent, dans cette partie, à la case 17 sans avoir roqué; il serait donc exposé à un échec du Fou à 44 qui pourrait devenir mortel, comme le démontrent plusieurs variantes des tableaux cités ci-dessus. 6. Les Noirs ont le choix entre différents coups, dont nous croyons le roc le meilleur. 7. Ce sacrifice n'est point hasardé, puisque l'on rattrapera quand on le voudra la pièce donnée. 8. M. Heydebrand a parfaitement raison en disant que B 75 sauvait la partie noire. 9. Les Noirs gagnent la Dame, mais, hélas! la leur, renfermée par ses propres Pions, reste impuissante jusqu'à la fin de la partie. 10. Si le Roi se mettait ailleurs, le Pion allait à Dame. 11. Cette phase de la partie est tout-à-fait singulière. Les Blancs se laissent prendre les deux Tours, et font mat avec un Fou et un Pion, soutenu par leur Roi, contre une Dame et trois Pions avancés jusqu'aux deuxième et troisième rangs de l'adversaire. Même en prenant 31, D 16-A, les Noirs perdaient encore, car il en résulte alors 32, $\frac{H\ 16\text{-}D}{h\ 27}$ 33, $\frac{E\ 66}{h\ 16\text{-}H+D}$ 34, $\frac{F\ 67\ \times}{}$ et si 32, $\frac{}{E\ 75}$ 33, $\frac{H\ 14}{c\ 16+D}$ 34, $\frac{H\ 74\ \times}{E\ 85}$ 35, $\frac{F\ 67\ \times}{E\ 86}$ 36, $\frac{E\ 66}{}$ et ※ en deux coups. L. K.

VINGT-SEPTIÈME PARTIE.

Jouée le 27 novembre 1845,

ENTRE

M. HARRWITZ et GREVILLE.

HARRWITZ.	GREVILLE.	HARRWITZ.	GREVILLE.	HARRWITZ.	GREVILLE.
1. e 45	e 55	3. G 36	g 57	5. d 44	d 64
2. f 46	e 46-f	4. F 43	F 77	6. c 33	h 68

HARRWITZ.	GREVILLE.	HARRWITZ.	GREVILLE.	HARRWITZ.	GREVILLE.
7. D 52	D 75	14. A 15	G 75 [3]	21. E 16	G 48
8. O—O	B 74	15. h 48	G 67	22. H 26	D 18 ✗ [6]
9. B 31	B 62	16. h 57-g	h 57-h	23. E 25	C 47 ✗
10. C 24	B 43-F [1]	17. G 57-h [4]	D 57-G [5]	24. E 31	D 28
11. B 43-B	C 65 [2]	18. D 81 ✗ A	E 75	25. D 73 ✗ c [7] E 66
12. D 72-b	D 84	19. D 71-a	D 37	26. D 64 ✗ d	E 57
13. d 54	C 74	20. H 56	D 28 ✗	27. C 46 ✗ e	——

Traduction de Lewis, *par* WITCOMB, Tab. xxx, Var. 10-18, Tab. xxxi, Var. 1-8.

1. Nous aurions préféré jouer 10, $\frac{}{C\,65}$ car si 11, $\frac{d\,54}{C\,47}$ et plus tard $\frac{}{F\,55}$ les Noirs acquéraient une position formidable. Et si 11, $\frac{F\,65\,C}{f\,65\text{-}F}$ et ensuite $\frac{}{f\,55}$ 2. Ceci est une faute. Les Noirs ont bien calculé qu'ils allaient attaquer la Tour en prenant le Cavalier ; mais ils ont oublié que la Dame prenait leur Tour par échec, et que par conséquent la Tour blanche pouvait se sauver. 3. Le jeu était de faire Dame pour Dame, en jouant 14 $\overline{D\,82}$ pour occuper les Blancs du côté de la Dame. Par cette nouvelle erreur, les Noirs s'obligent à défendre en même temps leur Tour A et le Pion g avec leur Dame. 4. Voici la preuve de ce que nous avons dit dans la note précédente. 5. Les Noirs semblent avoir fait tous leurs coups à dessein, pour former une attaque qu'ils considéraient probablement comme écrasante ; ils se trompent. 6. *Spes ultima Trojæ*, illusoire comme les autres. 7. Ce coup est ce que l'on appelle le commencement de la fin. L. K.

VINGT-HUITIÈME PARTIE.

Jouée le 15 juin 1843,

ENTRE

MM. ROUSSEAU et DUMONCHEAU.

ROUSSEAU.	DUMONCHEAU.	ROUSSEAU.	DUMONCHEAU.	ROUSSEAU.	DUMONCHEAU.
1. e 45	e 55	9. D 52	D 75	17. A 15 ✗	G 75
2. f 46	e 46-f	10. B 24	b 52	18. F 45	C 65
3. G 36	g 57	11. F 54	C 74	19. D 23	O—O
4. F 43	F 77 [1]	12. C 22	A 82 [3]	20. h 48	f 56
5. d 44	B 63	13. a 41	B 84	21. F 34	B 76
6. c 33	d 64	14. a 52-b	a 52-a	22. h 57-g	h 57-h
7. O—O	h 68	15. e 55	c 63 [4]	23. c 43	a 43-c
8. b 42	a 61 [2]	16. e 64-d	D 64-e	24. F 43-a	C 43-F

ROUSSEAU.	DUMONCHEAU.		ROUSSEAU.	DUMONCHEAU.		ROUSSEAU.	DUMONCHEAU.
25. B 43-C	D 42-b (5)	50.	C 86-H	D 44-×d	35.	H 15	D 58 (8)
26. C 31	D 52	31.	D 26	F 55-B	36.	H 55-F	D 28 ×
27. C 75-G	h 47	32.	C 53 (7)	D 54	37.	E 16	D 18 ×
28. G 55	B 55-G	33.	A 14	h 37	38.	C 17	——
29. B 55-B	D 54 (6)	34.	D 25	D 76			

Traduction de Lewis, *par* WITCOMB, *Tab.* xxx, *Var.* 10-18, *Tab.* xxxi, *Var.* 1-8.

1. Après avoir joué $\frac{3}{g\,57}$, on ne peut pas faire mieux que de répondre à $4\frac{F\,43}{F\,77}$ par F 77. En jouant $4\frac{g\,47}{}$ on se lance dans les gambits Muzio, Cochrane, Salvio, tous très dangereux pour le second joueur, bien que la théorie n'ait point décidé si ce dernier en doit périr. — 2. Faible. $\frac{}{C\,47}$ pouvait être joué en pleine sûreté; car si 9, $\frac{h\,52}{C\,56\text{-}G}$ 10, $\frac{D\,56\text{-}C}{}$ (si 10, $\frac{H\,56\text{-}C}{B\,75}$) 10, $\frac{}{B\,44\text{-}d}$ 11, $\frac{c\,44\text{-}B}{F\,44\times c}$ et puis 12, $\frac{}{F\,11\text{-}A}$. Mais si 11, $\frac{D\,14,34,26}{B\,65}$ et si 11, $\frac{D\,58}{D\,74}$. — 3. Nous aurions préféré jouer $\frac{}{G\,66}$ pour pouvoir roquer. Les deux Tours se défendraient alors. — 4. Pour avoir hésité trop longtemps à sortir G. Les Noirs s'exposent à un grand danger, vu que la colonne dans laquelle se trouvent leur Roi et leur Dame sera bientôt ouverte. — 5. Faute qui fait perdre une pièce. Jusqu'ici les Noirs avaient encore assez bien joué, et leur partie était meilleure que celle des Blancs. — 6. Cette combinaison n'est pas très heureuse. Les Noirs, déjà plus faibles, n'ayant que deux Pions contre une pièce, perdent encore la valeur d'un Pion en donnant la Tour pour une pièce et un Pion. — 7. Bien joué. — 8. Coup de désespoir, sans mérite aucun.   L. K.

VINGT-NEUVIÈME PARTIE.

Jouée le 28 décembre 1845,

ENTRE

MM. DESLOGES et HARRWITZ.

DESLOGES.	HARRWITZ.		DESLOGES.	HARRWITZ.		DESLOGES.	HARRWITZ.
1. e 45	e 55	9.	O—O	B 74	17.	G 58	G 55
2. f 46	e 46-f	10.	a 44	B 62	18.	C 55-G	C 58-G (4)
3. G 36	g 57	11.	F 54 (2)	C 65	19.	C 24	B 55
4. F 43	F 77 (1)	12.	d 54 (3)	e 54-d	20.	F 76×f (5)	B 84
5. h 48	h 68	13.	e 54-e	B 54-e	21.	H 15	D 57
6. c 33	d 64	14.	F 43	G 66	22.	H 25	C 27-g
7. d 44	c 65	15.	h 57-g	h 57-h	23.	C 55-B	H 18 ×
8. D 52	D 75	16.	G 57-h	G 47	24.	E 26	D 57 ※

Traduction de Lewis, *par* WITCOMB, *Tab.* xxx, *Var.* 10-18, *Tab.* xxxi, *Var.* 1-8.

1. Tous les auteurs tombent d'accord en considérant cette défense, dite la Philidoricnne, comme la meilleure contre le gambit ordinaire. Les excellents Traités de Bilguer-Heydebrand, de Jaenisch, de Lewis, de Walker prouvent suffisamment que les Noirs conserveront non-seulement leur Pion de plus, mais aussi une position forte et inébranlable. C'est d'autant plus étonnant, que ces mêmes Traités font si peu de cas du gambit du Pion de la Tour, dont nos lecteurs ont trouvé quelques parties dans les N°ˢ 15 à 24 de cette collection. Quant à nous, nous saurions beaucoup de gré à quiconque nous apprendrait une défense sûre et efficace. 2. A partir de ce moment, on peut regarder les Blancs comme hors d'état de combattre. Le Fou étant obligé de rentrer pour ne pas être pris, laisse une case d'attaque pour C Noir. Ces temps, que les Noirs gagnent, doivent leur assurer le gain de la partie. 3. Le cœur sensible de notre honorable collègue Desloges ne pouvait résister à la tentation de se préparer une attaque contre la Dame et le Roi, en mettant sa Tour à 15. Cette espérance était trop douce et trop séduisante pour ne pas sacrifier, quoique inutilement, un petit Pion. 4. Bien joué, si 19, $\frac{F\,54\text{-}B}{D\,35\times C}$

5. Piège adroit, si 20, $\frac{}{D\,76\text{-}F}$ 21, $\frac{D\,76\times D}{E\,76\text{-}D}$ 22, $\frac{C\,55\text{-}B}{}$ L. K.

TRENTIÈME PARTIE.

Jouée en décembre 1843.

ENTRE

MM. KIESERITZKY et DESLOGES.

KIESERITZKY.	DESLOGES.	KIESERITZKY.	DESLOGES.	KIESERITZKY.	DESLOGES.
1. e 45	e 55	10. D 52	B 65	19. G 26	G 47
2. f 46	e 46-f	11. c 55	C 74	20. G 47-G	D 14 ×
3. G 56	F 75	12. D 51	D 44-d	21. E 26	D 18-H [3]
4. F 43	F 48 × [1]	13. D 72-b	C 65 [2]	22. D 55	h 58 [4]
5. E 16	F 75	14. D 61	C 45-e	23. h 52	D 14
6. G 55	G 68	15. e 44-B	d 54	24. G 68 × [5]	g 68-G
7. D 58	o-o	16. G 26	d 45-F	25. C 22	D 47
8. d 44	d 64	17. G 45-C	F 51-B	26. D 88 ⋇	
9. G 54	C 47	18. D 51-F	D 44-c		

Traduction de Lewis, *par* WITCOMB, *Tab.* xxxi. *Var.* 15.

1. Cette entrée de partie est de Cunningham. Philidor, l'auteur de la *Méthode parfaite*, lui donne plusieurs belles variantes. Connaissant le génie du joueur des Noirs, nous ne sommes point surpris de le voir se rencontrer avec nos maîtres; cependant il ne possède rien des livres. 2. Évidemment les Noirs se trompent, cette attaque est fausse, une pièce est perdue, ils oublient l'imposante force de l'adversaire. S'ils eussent joué sagement le Cavalier B à 65, il nous semble que la partie devenait belle et forte. 3. Il eût mieux valu prendre le Cavalier, car la Dame à cette case devient impuissante à secourir son Roi. 4. Mauvais coup qui fait perdre immédiatement. Il fallait jouer D 14, afin d'opposer une persévérante défense. 5. Coup savant démontrant que le joueur sait prévoir de loin. Sasias.

TRENTE-ET-UNIÈME PARTIE.

Jouée en novembre 1841.

ENTRE

MM. ROUSSEAU et KIESERITZKY.

ROUSSEAU.	KIESERITZKY.	ROUSSEAU.	KIESERITZKY.	ROUSSEAU.	KIESERITZKY.
1. e 45	e 55	12. c 35	G 68	23. E 23	A 86
2. f 46	e 46-f	13. g 37 (6)	C 56	24. G 36	E 81
3. G 36	F 75	14. C 68-G (7)	C 34 ✕ F	25. B 33	H 55
4. F 43	F 48 ✕	15. D 34-C (8)	H 68-C	26. G 53	A 26 ✕
5. E 16 (1)	F 66 (2)	16. E 25 (9)	f 66 (10)	27. E 12	A 22 ✕ b
6. c 55	F 75	17. c 66-f (11)	H 66-e	28. E 22-A	D 31 ✕
7. d 44	d 54	18. D 78	D 64	29. E 12	D 42 ✕
8. F 34 (3)	g 57	19. D 58 ✕ h	E 74	30. E 15	D 33 ✕ B
9. h 48	g 47 (4)	20. D 47 ✕ g	H 65 ✕ (12)	31. E 14	D 11 ✕ A
10. G 28	h 58 (5)	21. E 54	B 44-d (13)	32. E 23	D 21 ✕ a
11. C 46-e	B 63	22. c 44-B	D 64 ✕	33. E 14	D 52 ✕ (14)

Traduction de LEWIS, *par* WITCOMB, *Tab.* XXXI, *Var.* 15.

1. Beaucoup mieux que g 57; les Blancs regagnent le Pion, que l'on ne peut plus défendre à la suite. — 2. Cela a l'air de perdre un temps, puisque F est forcé de se retirer le coup suivant à 75; mais cela n'est pas : le but est de faire avancer le Pion du Roi, pour empêcher que les Blancs aient deux Pions au centre l'un à côté de l'autre. — 3. Mieux qu'à 32. Le Pion de la Dame adverse une fois poussé deux cases, le Fou n'a rien à faire pour le moment dans cette ligne, et il aura masqué le Pion du Cavalier. — 4. Pour défendre un Pion. — 5. Deux Pions sont attaqués; les Noirs doivent défendre celui du Cavalier, car ils ne peuvent défendre l'autre. — 6. Les Blancs font bien maintenant de défendre leur Pion. — 7. C'est échanger deux pièces mal à propos; ce Cavalier ne gênait pas du tout. — 8. Par ces échanges de pièces, les Noirs gagnent une forte attaque. — 9. Il aurait mieux valu sortir le Cavalier de la Dame, et jouer son Roi sur la case après, ou lorsqu'il sera attaqué. — 10. Pour avoir le champ libre. — 11. On n'aurait pas dû prendre ce Pion; il aurait peut-être mieux valu jouer la Dame 56. — 12. Les Noirs sacrifient deux Pions pour dégager leur Tour et former une attaque. — 13. Un sacrifice très à propos; très bien joué; il fera gagner la partie. — 14. Cette fin de partie est admirable. Les Noirs se trouvent exposés au mat depuis le vingt-sixième coup, et font mat eux-mêmes par une suite d'échecs. C'est un problème. Mat en huit coups. Suite d'un sacrifice fait à propos.

ALEXANDER.

TRENTE-DEUXIÈME PARTIE.

Jouée en novembre 1845.

ENTRE

MM. DEVINCK et KIESERITZKY.

DEVINCK.	KIESERITZKY.	DEVINCK.	KIESERITZKY.	DEVINCK.	KIESERITZKY.
1. e 45	e 55	10. C 46-e (2)	g 36-G	19. B 62	B 44-d
2. f 46	e 46-f	11. D 56-g	h 58	20. D 72-b	D 56 ✗
3. G 36	F 75	12. e 64-d	c 64-e	21. E 17	A 85
4. F 43	F 48 ✗	13. A 15	E 86 (3)	22. E 28	G 66
5. E 16	F 66	14. C 64-c (4)	H 78	23. H 16	G 47 ✗
6. e 55	F 75	15. C 55	B 65	24. E 17	F 53 (6)
7. B 33 (1)	d 64	16. B 54	C 65	25. H 56-D (7)	B 56 ✗
8. d 44	g 57	17. C 73	D 74 (5)	26. E 18	A 15 ✗ (8)
9. h 48	g 47	18. A 65-G	D 65-A	27. F 16	G 26 ✲

Traduction de LEWIS, *par* WITCOMB, *Tab.* XXXI, *Var.* 15.

1. Faible; pousser d 44 était préférable.   2. Sacrifice qui donne une attaque, il est vrai, mais pas assez forte pour compenser la perte d'une pièce.   3. E 86 est moins bien que H 78; avec ce dernier coup on évitait la perte du Pion à 64.   4. Meilleur coup.   5. Prendre C 54-B amenait une liquidation immédiate et une partie tout à l'avantage des Noirs.   6. Très bien joué.   7. Faute énorme qui mène droit au mat: C 64 ✗ sauvait pour un instant la partie.   8. Perte réelle d'un temps, puisque l'on donnait le mat de suite en jouant G 26; ce n'est, du reste, une faute que pour un aussi habile joueur.   LÉVY.

TRENTE-TROISIÈME PARTIE.

Jouée en novembre 1844.

ENTRE

MM. ROUSSEAU ET KIESERITZKY.

ROUSSEAU.	KIESERITZKY.	ROUSSEAU.	KIESERITZKY.	ROUSSEAU.	KIESERITZKY.
1. e 45	e 55	10. B 58	F 75	19. G 53-b	B 44
2. F 43	G 66	11. C 24	E 78 (3)	20. E 12	F 42
3. B 33	G 45-e	12. O-O-O	a 51	21. B 57 ✗ (5)	h 57-B
4. F 76 ✗ f	E 76-F	13. G 25	b 52	22. D 58 ✗	E 87
5. B 45-G (1)	B 65	14. H 17	h 42	23. f 57-h	A 61
6. d 34	d 54	15. g 47	H 86	24. D 58	F 53-G
7. D 56 ✗	E 87	16. D 57	a 41	25. f 67 (6)	A 67-f
8. B 57	D 74 (2)	17. f 46	a 31	26. D 67-A	F 21-C
9. c 33	h 68	18. h 52 (4)	b 33-c	27. H 37 (7)	D 76

Traduction de Lewis, *par* WITCOMB, *Tab.* xlii, *Var.* 10-17.

1. Les Blancs ont bien empêché le Roi de roquer, mais ce n'est pas si désavantageux qu'on le croit.   2. Les Noirs préfèrent, avec raison, enfermer le Fou blanc que le Fou noir.   3. Voilà la Tour dégagée et le Roi bien placé.   4. Les Blancs ont laissé trop avancer les Pions du côté de la Dame.   5. Un sacrifice qui ne mène à rien.   6. Il aurait mieux valu reprendre le Fou.   7. Les Blancs abandonnent. Cette partie est bien jouée des deux côtés. Les Noirs étaient trop téméraires dans leur attaque. Les Blancs, par de fortes et sages combinaisons, ont formé une contre-attaque non moins téméraire. Gloire au vainqueur ! respect au vaincu !

ALEXANDER.

TRENTE-QUATRIÈME PARTIE.

Jouée le 19 juin 1814,

ENTRE

MM. ROUSSEAU et CALVI.

ROUSSEAU.	CALVI.		ROUSSEAU.	CALVI.		ROUSSEAU.	CALVI.
1. e 45	e 55	11.	b 42	F 62	21.	F 63-B	D 63-F
2. G 36	B 63	12.	C 24	f 66	22.	D 24	G 56 (4)
3. d 44	e 44-d	13.	G 65-C	D 65-G	23.	H 15	H 15 ✕ H
4. F 43	D 66 (1)	14.	a 41	a 51	24.	A 15-H	A 85
5. G 57	G 68	15.	D 15	a 42-b	25.	A 85 ✕ A	D 85-A
6. O-O	F 53	16.	C 42-a	d 54	26.	D 34	g 67
7. f 46 (2)	d 64	17.	a 51	F 71	27.	C 24	c 53 (5)
8. h 38	C 65	18.	a 61	b 62	28.	D 36	—
9. F 54	O-O-O (3)	19.	B 31	d 45-e			
10. a 31	D 75	20.	F 45-d	H 85			

Traduction de Lewis, *par* WITCOMB, *Tab.* xlvii, *Var.* 4, 5.

1. Nous trouvons que ce coup est nul et sans aucune portée.   2. Ce coup est imprudent; les Noirs, en poussant les Pions par échec, gagneraient définitivement le Pion, et auraient une position très bonne.   3. Ce côté du roc est obligé ; en général on fait bien de roquer, quand on le peut sans danger du côté opposé au Roi adverse ; cela donne presque toujours lieu à de belles parties, à de belles combinaisons.   4. Il eût été mieux de porter la Tour à 35 ; la position des Noirs devenait forte.   5. Faute indigne d'un professeur aussi savant ; sans doute sa main n'a pas obéi à sa pensée.

VUILLERMET.

TRENTE-CINQUIÈME PARTIE.

Jouée le 10 août 1845,

ENTRE

MM. WITCOMB et KIESERITZKY.

	WITCOMB.	KIESERITZKY.		WITCOMB.	KIESERITZKY.		WITCOMB.	KIESERITZKY.
1.	e 45	e 55	13.	D 64 × (2)	D 75	25.	D 23	A 83
2.	G 56	B 65	14.	D 24	G 66	26.	D 22	B 34
3.	d 44	e 44-d	15.	C 31 (3)	b 52	27.	D 25	B 13
4.	F 43	F 42 ×	16.	e 55	G 45	28.	D 22	D 35 ×
5.	c 33	e 33-c	17.	D 34	d 54	29.	E 18	B 34
6.	O-O	e 22-b	18.	F 54-d	c 54-F	30.	A 31	B 26 ×
7.	C 22-c	E 86	19.	D 54-c	C 72	31.	E 17	B 38 ×
8.	D 54	D 75	20.	D 52-b	h 58	32.	E 18	D 17 ×
9.	G 57	B 84	21.	D 34	D 57 (4)	33.	H 17-D	B 26 ×
10.	a 31 (1)	c 65	22.	a 52 ×	E 87	34.	D 26-B	G 26-D ※
11.	D 44	D 57-G	23.	f 56	A 84			
12.	a 42-F	B 65	24.	C 64	B 46			

Traduction de Lewis, *par* WITCOMB, Tab. xlvii, *Var.* 6-16. Tab. xlviii, *Var.* 1-14.

1. B 33 valait mieux, mais le meilleur coup était f 46, car bien que les Noirs pussent faire l'échange des Dames, ils resteront dans une position très gênée, ce qui rendrait égale la partie [1].   2. Il fallait prendre B pour pousser ensuite f 46, ce qui leur aurait donné une très forte attaque; en donnant échec ils perdent des temps précieux.   3. B 33 valait mieux pour ne pas laisser entrer le Cavalier. Par le coup C 31 et les suivants, les Noirs se dégagent de plus en plus et l'attaque disparaît.   4. Ce coup est très bien joué, car maintenant les Blancs sont réduits à la défense, et puisqu'ils ont une pièce de moins leur partie est perdue.

HARRWITZ.

[1] Nous croyons erronée cette assertion, car une fois les Dames échangées, les Noirs se tireraient bientôt de l'embarras, qui est en effet plus illusoire que réel. Voici la preuve : 10, $\frac{f\,46}{D\,33\times}$ les Blancs ont cinq manières de répondre : I. $\frac{C\,44}{\quad}$ II. $\frac{D\,44}{\quad}$ III. $\frac{D\,33\times D}{\quad}$ IV. $\frac{E\,18}{\quad}$ V. $\frac{H\,26}{\quad}$ Examinons les variantes : I. 11. $\frac{C\,44}{D\,54\text{-}D}$ (Si 12, $\frac{e\,34\text{-}D}{h\,68}$ 13, $\frac{G\,36\text{ ou }45}{d\,64}$) alors 12, $\frac{F\,54\text{-}D}{B\,65}$ (Si 13, $\frac{F\,65\text{-}B}{d\,65\text{-}F}$ ou $\frac{G\,65\times B}{d\,65\text{-}G}$ si 13, $\frac{G\,76\text{-}F}{E\,76\text{-}G}$ 14, $\frac{f\,56}{G\,66}$ 15, $\frac{f\,65\times B}{d\,65\text{-}f}$ 16, $\frac{F\,32}{H\,84}$ 17, $\frac{C\,22}{E\,87}$) alors 13, $\frac{C\,22}{f\,66}$ 14, $\frac{G\,65\text{-}B}{d\,65\text{-}G}$ 15, $\frac{F\,32}{C\,74}$ et avec deux Pions de plus les Noirs se défendront aisément.

II 11, $\frac{D\,44}{B\,65}$ 12, $\frac{G\,65\times B}{d\,65\text{-}G}$ 13, $\frac{a\,31}{D\,44\times D}$ 14, $\frac{C\,44\text{-}D}{F\,54}$ 15, $\frac{C\,53\times}{G\,75}$ 16, $\frac{H\,14}{c\,63}$

17, $\frac{B\,33}{b\,52}$ 18, $\frac{F\,52}{G\,61}$ 19, $\frac{H\,74}{F\,62}$ 20, $\frac{G\,62\text{-}F}{a\,62\text{-}G}$ 21, $\frac{A\,14}{E\,85}$ 22, $\frac{H\,73}{A\,84}$

23, $\frac{A\,84 \times A}{E\,84\text{-}A}$ 24, $\frac{H\,71}{C\,83}$ Quelle que soit la manière de jouer, les Blancs ne peuvent pas empêcher que leur adversaire ne conserve toujours ses deux Pions de plus. III. 11. $\frac{D\,53 \times D}{F\,53 \times D}$ 12, $\frac{E\,18}{D\,65}$ le résultat comme ci-devant. IV. 11. $\frac{E\,18}{D\,54\text{-}D}$ 12, $\frac{F\,54\text{-}D}{B\,65}$ V. 11. $\frac{H\,26}{D\,54\text{-}D}$ 12, $\frac{F\,54\text{-}D}{F\,53}$ et les Noirs gagnent encore l'échange.

L. K.

TRENTE-SIXIÈME PARTIE.

Jouée le 3 janvier 1846,

ENTRE

MM. HARRWITZ et VITZTHUM.

HARRWITZ.	VITZTHUM.	HARRWITZ.	VITZTHUM.	HARRWITZ.	VITZTHUM.
1. e 45	c 55	12. D 43	F 55 (1)	23. E 17	c 44-G
2. G 36	B 63	13. C 35	b 52	24. H 16	c 31
3. d 44	e 44-d	14. D 33	b 42	25. H 26-G	c 25-F
4. F 43	F 42 ×	15. D 43	B 25 ×	26. B 24	A 83
5. c 33	e 33-c	16. F 25-B	F 35 × C	27. D 15	C 34
6. O-O	e 23 (1)	17. E 18	c 53 (5)	28. B 36	A 23
7. D 23-e	d 64	18. H 14	F 44	29. D 12	H 83
8. G 57	G 68 (2)	19. D 13	d 55-e	30. g 37	D 35
9. f 46	O-O	20. f 55-d	D 62	31. B 15 (6)	A 13
10. e 55 (3)	C 56	21. G 36	G 47		
11. F 34	B 44	22. G 44-F	G 26 ×		

Traduction de Lewis, *par* Witcomb, *Tab.* xlviii, *Var.* 1-14.

1. Sur le sixième coup des Noirs dans la partie écossaise, les auteurs ne sont point d'accord. Presque tous blâment e 22-b. Labourdonnais s'exprime à ce sujet dans les termes suivants : « En prenant ce Pion, les Noirs mettent en attaque le Fou de la Dame de l'adversaire. Au lieu de ce coup ils devaient jouer d 64. » Quant à nous, nous croyons 6. G 66 le meilleur coup; mais nous ne sommes point convaincu que e 22-b fasse nécessairement perdre la partie. M. Georges Walker (page 54 de son Traité) soulève le premier des doutes à cet égard, en appréciant la différence matérielle qui existe en faveur des Noirs. Mais il faudra alors jouer 7, $\frac{C\,22}{E\,86}$ M. Heydebrand (page 94, var. 13, n° 1) fait une longue observation là-dessus, qu'il termine par ces paroles : « En pratique on se convaincra bien facilement de la difficulté qui fera presque toujours perdre le second joueur. » Notre pratique ne nous a nullement prouvé cela. 2. Si 8, $\frac{}{B\,55}$ 9, $\frac{G\,76\text{-}f}{B\,76\text{-}G}$ 10, $\frac{F\,76 \times B}{E\,76\text{-}F}$ 11, $\frac{D\,43 \times}{}$ et les Blancs, après avoir

regagné le Pion sacrifié, regagnent aussi la pièce. 3. Prématurément poussé, puisque les Noirs mettent une pièce de plus en jeu en attaquant la Dame. 4. Très bien joué que de conserver ce Fou dans l'heptagonale. 5. Les Noirs ont parfaitement bien conduit leur partie. Au lieu de ce dernier coup, ils auraient mieux fait de prendre tout de suite D 55-e.

NOTA. Par une méprise inconcevable, cette partie a été imprimée dans le *Bell's Life* du 8 mars 1846, comme jouée par M. Harrwitz sans voir l'échiquier, contre un fort joueur. Nous avons cru nécessaire de rectifier cette erreur. L. K.

TRENTE-SEPTIÈME PARTIE.

Jouée le 10 octobre 1842,

ENTRE

MM. CALVI et KIESERITZKY.

CALVI.	KIESERITZKY.	CALVI.	KIESERITZKY.	CALVI.	KIESERITZKY.
1. e 45	c 55	20. H 48	h 68	39. f 76 ×	E 76-f
2. G 36	B 63	21. H 38	D 46	40. H 78 ×	E 65
3. d 44	c 44-d	22. F 32	E 78	41. H 71-a	E 55
4. F 43	F 42 × (1)	23. E 17	D 57 (5)	42. E 26	c 44
5. c 33	e 33-c	24. D 25	H 87	43. E 25	A 65
6. o-o	G 66	25. A 14 (6)	A 84	44. E 34	E 46
7. a 31	F 64 (2)	26. D 26	b 62	45. H 76 ×	E 57
8. B 33-c	o-o	27. A 15	d 54	46. H 78	A 64 (11)
9. C 57	F 55	28. F 23	D 47	47. a 41	h 37
10. B 54	d 64	29. e 54-d	c 54-e	48. h 37-h	E 47
11. G 55-F	B 55-G	30. A 55-B (7)	g 55-A	49. b 42	E 37-h
12. C 66-G	g 66-C (3)	31. H 37	D 44 (8)	50. a 51	b 51-a
13. F 32	C 65	32. f 66 ×	H 67	51. b 51-b	A 61
14. f 46	B 67	33. D 44-D	g 44-D	52. E 44-c	E 46 (12)
15. f 56	C 54-B	34. H 47	A 64	53. E 34	f 57
16. F 54-G	B 55	35. H 44-g	E 87	54. H 76 ×	E 47
17. D 58	c 63	36. F 67-H (9)	f 67-F	55. E 25	A 51-b
18. H 46	D 62 × (4)	37. H 48	h 58	56. E 26	=
19. E 18	D 35	38. g 47 (10)	h 47-g		

Traduction de LEWIS *par* WITCOMB, *Tab.* XLVIII, *Var.* 1-14.

1. Labourdonnais dit que cette défense est mauvaise, mais son opinion n'est pas appuyée par des démonstrations; nous pensons que cette défense, sans être la meilleure, n'est pourtant pas mauvaise. 2. Rien n'obligeait le Fou à se retirer à cette case; ce coup nous parait mauvais, parce qu'il gêne le jeu des Noirs et retarde la sortie de leurs pièces. 3. Les Noirs se laissent doubler un Pion pour ouvrir une attaque sur le Roi des Blancs; cette

ouverture cependant peut servir contre eux. 4. Ici les Noirs refusent de gagner la pièce, et ils ont raison; car ce temps permettrait aux Blancs de prendre une position formidable, qui compenserait au-delà la perte du Fou. D'ailleurs, les Noirs seraient plus tard forcés de rendre la pièce, et leur jeu serait plus mauvais. 5. Les Noirs offrent l'échange des Dames, pour réunir leurs Pions et forcer la Dame blanche à abandonner l'attaque. 6. Les Blancs avaient ici la remise; en attaquant la Dame avec leur Tour, ils ont espéré mieux, quoique les Noirs eussent un Pion de plus, qui, à la vérité, était doublé. 7. Ce sacrifice est mauvais, et les Noirs, en prenant cette Tour, ne jouent pas le coup juste; ils devaient prendre l'autre Tour avec leur Dame; les Blancs ne pouvant pas reprendre étaient obligés de jouer leur Tour à la c. 35, sous peine de perdre leur Dame; les Noirs alors prenaient H 27-g par échec au Roi et à la Dame; celle-ci était forcée de prendre la Tour, et la Dame noire prenait A 35 par échec, restant avec l'avantage d'un échange, 2 Pions et l'attaque. Si les Blancs n'avaient pas ramené leur Tour à la c. 35, les Noirs prenaient H 27-g; les Blancs, forcés de reprendre de leur Dame, la mettaient sur la ligne de leur Roi et la perdaient, les Noirs jouant A 87.

8. Mal joué; on avait d'autres cases où placer cette Dame; il fallait éviter de faire doubler les Pions du centre. 9. Les Blancs ont bien profité de la faute de leur adversaire; la partie devient ici parfaitement égale. 10. Bien joué; ce coup a pour conséquences d'isoler les Pions des Noirs. 11. La partie est dans une position de remise; il n'y a qu'une faute qui puisse la faire perdre. 12. En cherchant à gagner la partie, les Blancs l'avaient compromise; dans cette position les Noirs devaient gagner: en jouant leur Roi à la c. 46, ils font faute et donnent la remise. LAROCHE.

TRENTE-HUITIÈME PARTIE.

Jouée le 20 octobre 1845,

ENTRE

MM. GREVILLE et HARRWITZ.

GREVILLE.	HARRWITZ.	GREVILLE.	HARRWITZ.	GREVILLE.	HARRWITZ.
1. e 45	e 55	12. O-O (1)	D 45-e	23. D 46 ✕	E 77
2. G 36	B 63	13. D 72-b	A 83	24. h 52	D 53
3. d 44	e 44-d	14. B 31	C 51	25. E 18	H 53 (6)
4. F 43	F 53 (1)	15. f 36	D 63	26. h 42 (7)	D 42-b
5. G 57 (2)	G 68	16. C 24	a 51	27. A 53-H	d 55-A
6. G 76-f	G 76-G	17. A 15	B 55	28. D 53 ✕ d	E 76
7. F 76 ✕ G	E 76-F	18. D 71	C 43	29. H 15	D 62
8. D 58 ✕	g 67	19. B 43-C	D 43-B	30. h 48	A 86
9. D 53-F	d 64	20. C 51-a (5)	B 63	31. H 45	B 63
10. D 45 ✕	C 65	21. D 72	B 51-C	32. H 46 ✕	E 87
11. D 52 (3)	D 48	22. D 45	H 85	33. D 63 ✕	E 77 (8)

Traduction de LEWIS, *par* WITCOMB, *Tab.* XLVIII, *Var.* 15-17.

1. Le meilleur coup de défense qui donne l'avantage aux Noirs est 4 F 42 ✕. Cependant

4 F 53 n'est pas mauvais. 2. Cette manière d'attaquer est inférieure à celle par c 35, comme l'observe très justement M. Heydebrand (p. 98, note 6), où il dit : « Si 5, $\frac{\ldots}{\text{e 33-c}}$ 6, $\frac{\text{F 76} \times \text{f}}{\text{E 76-F}}$ 7. D 54 ×, le coup juste pour les Noirs serait 5. e 34. » Quant au reste de cette assertion, nous ne croyons pas qu'il serait absolument nécessaire d'abandonner le Pion. On pourrait jouer 5. D 66 ou 5. G 66, et le Pion ne serait pas perdu, du moins pas immédiatement.
3. On pourrait jouer 11. D 25. Voir la partie suivante. 4. Les Blancs pouvaient défendre le Pion par B 24, mais ils ne voulaient pas enfermer leur Fou. 5. Faute qui fait perdre une pièce. 6. Ce coup ne vaut pas grand'chose ; nous aurions conseillé 25. B 63. 7. Excellent coup digne d'un Mac-Donnell ; par cette manœuvre ingénieuse, les Blancs se tirent d'affaire. 8. Les Blancs ont racheté par la fin ce qu'ils avaient perdu au commencement.

L. K.

TRENTE-NEUVIÈME PARTIE.

Jouée le 31 mars 1846,

ENTRE

MM. LÉVY et SASIAS.

LÉVY.	SASIAS.	LÉVY.	SASIAS.	LÉVY.	SASIAS.
1. e 45	e 55	13. f 46	C 56	25. H 44-c	A 22
2. G 36	B 63	14. D 43 ×	D 65	26. f 56 [5]	g 56-f
3. d 44	e 44-d	15. D 65 × D	C 65-D	27. e 56-g	C 56-e
4. F 43	F 53	16. C 24	B 75	28. A 16	E 65
5. G 57	G 68	17. c 35	c 53 [3]	29. g 47	C 67
6. G 76-f	G 76-G [1]	18. B 31 [4]	a 61	30. C 42	H 63
7. F 76-× G	E 76-F	19. D 23	B 63	31. H 46	H 23
8. D 58 ×	g 67	20. H 36	A 83	32. H 26	C 45
9. D 55-F	d 64	21. c 44-e	B 44-c	33. H 23-H	A 23-H
10. D 43 ×	C 65	22. B 44-B	c 44-B	34. A 26	A 26-A
11. D 25 [2]	D 66	23. H 34	A 23	35. E 26-A [6]	
12. O-O	H 85	24. b 32	H 83		

Traduction de Lewis, *par* WITCOMB, *Tab.* XLVIII, *Var.* 15-17.

1. Nous conseillons à nos lecteurs de bien examiner la seizième variante dudit tableau ; seulement nous ferons observer que nous aimerions mieux 8, $\overline{\text{G 76-G}}$ que 8, $\overline{\text{F 33} \times \text{b}}$.
2. 11, $\frac{\text{D 52}}{\ldots}$ ne serait pas mauvais. 3. Si 17, $\frac{\ldots}{\text{e 34}}$ 18, $\frac{\text{H 36}}{\text{C 43}}$ 19, $\frac{\text{b 52}}{\text{C 61}}$ 20, $\frac{\text{c 43}}{\text{B 65}}$ 21, $\overline{\text{B 33}}$ et les Blancs gagnent le Pion. 4. On aurait dû prendre $\overline{\text{c 44-c}}$.
5. Si 26, $\frac{\text{H 64-d}}{\text{H 23}}$ 27, $\frac{\text{A 14}}{\text{C 47}}$. 6. La partie fut abandonnée comme nulle, et, en effet, un autre résultat ne pouvait être obtenu, bien que les Noirs gagnassent un Pion en jouant C 12.

L. K.

QUARANTIÈME PARTIE.

Jouée le 30 septembre 1842,

ENTRE

MM. CALVI et KIESERITZKY.

CALVI.	KIESERITZKY.	CALVI.	KIESERITZKY.	CALVI.	KIESERITZKY.
1. e 45	e 55	10. F 65-C	f 65-F (5)	19. f 46	a 51
2. G 36	B 63 (1)	11. D 58 ×	D 67 (6)	20. e 54-d (7)	b 54-e (8)
3. d 44	o 44-d	12. D 67 × D	h 67-D	21. b 52	a 41
4. G 44-e	F 53 (2)	13. C 57-g	E 76	22. A 25	A 51 (9)
5. G 63-B (3)	b 63-G	14. B 24	d 54	23. H 15	A 52-b
6. F 43	d 64	15. o 33	G 66	24. A 65 × f	E 77
7. o—o	C 65	16. C 66-G	E 66-C	25. A 75 ×	E 68
8. F 32	D 66	17. A 15	H 58	26. g 47 (10)	H 48
9. E 18	g 57 (4)	18. b 42	F 62	27. h 38 (11)	——

Traduction de LEWIS, *par* WITCOMB, *Tab.* XLIX.

1. Le meilleur coup.   2. Le coup indiqué par les auteurs, je le considère comme étant le coup juste.   3. Ce coup n'est pas bon. Il a pour but de faire doubler un Pion aux Noirs, Pion qui viendra plus tard occuper le centre de l'échiquier.   4. Très mauvais coup qui fait perdre la partie, et qui, de la part d'un joueur comme K***, ne peut être que le résultat d'une distraction ; mais il faut ajouter aussi que lorsqu'on est parvenu à la force de M. K***, et que l'on est en présence d'un joueur aussi distingué que M. C***, il n'est pas permis d'avoir une distraction.   5. Les Noirs pouvaient prendre de la Dame, mais leur partie n'en aurait pas été meilleure.   6. On pouvait jouer D 76 ou E 74 ; ces coups ne sauvaient pas le Pion.   7. Pour ouvrir une ligne à la Tour et faire une place au Cavalier, qui pourra s'établir dans le jeu de l'adversaire.   8. Il est à remarquer que le Pion du Cavalier, qui est resté longtemps doublé, finit par occuper le centre de l'échiquier.   9. Coup faible. Il était préférable de placer la Tour à la case du Roi.   10. Coup très fin et d'une grande supériorité. Ce sont des coups de ce genre qui constituent la force de M. C*** ; malheureusement son jeu n'est pas toujours soutenu.   11. Il n'y a pas de défense ; M. K*** l'a compris immédiatement en abandonnant la partie, au grand étonnement de la galerie. Cette partie a été jouée avec négligence par M. K***, qui semble avoir oublié qu'il était en présence d'un joueur de sa force.   DEVINCK.

QUARANTE-ET-UNIÈME PARTIE.

Jouée en décembre 1841,

ENTRE

MM. HAMPTON et KIESERITZKY.

HAMPTON.	KIESERITZKY.	HAMPTON.	KIESERITZKY.	HAMPTON.	KIESERITZKY.
1. e 45	e 55	8. C 24	D 75	15. G 55-B	D 55-G
2. G 36	B 63	9. O-O	F 24-C	16. H 15	O-O-O
3. F 43	F 53	10. B 24-F	d 64	17. D 32	C 63
4. b 42 (1)	F 42-b	11. h 38 (5)	C 74	18. f 36	C 45-B
5. c 33	F 75 (2)	12. e 55 (6)	d 55-e	19. H 45-C	D 11 ✕ A (8)
6. d 44 (3)	e 44-d	13. c 55-d	G 68		
7. c 44-c	F 42 ✕ (4)	14. B 45 (7)	B 55-e		

Traduction de LEWIS, *par* WITCOMB, *Tab.* LI, *Var.* 12, 16.

1. Cette belle et ingénieuse partie, de l'invention du capitaine Evans, est encore un problème. Il s'agit de savoir si les Blancs trouveront dans leur attaque une compensation pour le sacrifice qu'ils ont fait. M. Deschapelles, notre maître à tous, évalue le Pion à deux temps et demi. Pour avoir une idée de ce que c'est qu'un demi temps, nous pouvons nous borner à dire : « Vous ne gagnez qu'un demi temps quand vous faites en deux mouvements ce que vous pouviez faire en un seul; mais il faut encore que, dans ce premier mouvement, la position de la pièce jouée soit meilleure que celle qu'elle avait auparavant. Si vous poussez un Pion un pas au lieu de deux, vous avez, généralement parlant, amélioré sa position, mais pas autant que si vous l'aviez poussé tout de suite deux pas. Ou si vous jouez au commencement d'une partie le Fou du Roi à la seconde case du Roi, au lieu de le mettre à la quatrième case du Fou de la Dame, vous aurez amélioré sa position, sans doute, car à la seconde case du Roi, le Fou domine neuf cases au lieu de sept, dont il dispose à sa propre place; mais vous n'aurez pas choisi la meilleure position pour lui, savoir la quatrième case de l'autre Fou; par conséquent vous n'auriez gagné qu'un demi temps. Dans le cas présent, les Blancs ne gagnent qu'un demi temps par la retraite du Fou; mais cette retraite, en elle-même, amène quelques inconvénients pour les Noirs, qui rendent l'attaque plus efficace. 2. Le Fou a quatre cases de retraite, savoir : 51, 53, 64 et 75. Des recherches soigneuses ont démontré que la case 64 est tout aussi bonne, pour ne pas dire meilleure, que les autres, bien qu'en thèse générale il ne soit pas sage de placer une pièce devant le Pion du centre à cause des autres pièces, qui seraient renfermées pendant longtemps. » 3. Prématurément poussé. Il fallait d'abord roquer et alors d 44 était bon à jouer. 4. Voici pourquoi les Blancs avaient tort de jouer 6. d 44. Les Noirs, en donnant échec, dégagent leur partie et conservent toujours leur Pion. 5. Faible, 11, D 32 était bien meilleur. 6. Pas bien calculé; l'espérance de trouver une attaque contre Roi et Dame par la Tour entraîne les Blancs à pousser ce Pion. 12, A 12 eût été le coup juste. 7. Le sacrifice du Pion n'aboutit à rien. 8. Par la grave erreur des Blancs, leur partie n'était plus soutenable, et en effet, elle fut abandonnée. Mais deux amateurs ont continué la partie ainsi, après avoir remis le dix-neuvième coup. 19, $\frac{f\ 45\text{-}C}{A\ 24}$

39

20, $\frac{D\,35}{D\,22}$	21, $\frac{F\,25}{D\,62}$	22, $\frac{F\,56}{H\,84}$	23, $\frac{E\,18}{D\,55\text{-}D}$	24, $\frac{H\,35\text{-}D}{f\,56}$	25, $\frac{H\,32}{c\,63}$
26, $\frac{A\,12}{H\,74}$	27, $\frac{f\,55}{g\,57}$	28, $\frac{F\,63\text{-}c}{A\,14\times}$	29, $\frac{E\,28}{H\,24}$	30, $\frac{f\,65}{b\,63\text{-}F}$	31, $\frac{H\,82\times}{E\,73}$
32, $\frac{A\,72\times}{E\,64}$	33, $\frac{f\,75}{H\,25}$	34, $\frac{H\,84\times}{E\,53}$	35, $\frac{H\,14\text{-}A}{G\,76}$	36, $\frac{f\,85\div D}{H\,85\text{-}D}$	37, $\frac{A\,76\text{-}G}{}$

L. K.

QUARANTE-DEUXIÈME PARTIE.

Jouée le 24 septembre 1842,

ENTRE

CALVI et KIESERITZKY.

CALVI.	KIESERITZKY.	CALVI.	KIESERITZKY.	CALVI.	KIESERITZKY.
1. e 45	e 55	19. D 23	A 74	37. B 63	h 48
2. G 36	B 63	20. H 13	G 85	38. B 42-a	H 21-a [11]
3. F 43	F 53	21. B 24	a 52	39. E 21-H	A 42-B
4. c 33	G 66	22. H 53	f 66	40. f 56	h 38 [12]
5. d 34	d 64	23. B 12	H 78	41. g 58-h	g 36-f
6. O-O	h 68	24. B 31 [4]	G 64 [5]	42. A 33	A 45-e
7. D 25	C 65	25. D 34	a 42	43. A 36-g	A 46
8. F 32	D 74	26. B 52 [6]	E 82 [7]	44. A 32× [13]	E 83
9. C 35	F 62 [1]	27. D 16 [8]	b 62 [9]	45. A 31	f 56
10. B 24	g 57	28. B 64-G	D 16×D	46. A 61	A 44
11. C 62-F	a 62-C	29. E 16-D	b 53-H	47. A 66	f 46
12. d 44	e 44-d	30. B 56	A 64 [10]	48. g 48	A 54-d
13. c 44-e	C 32-F	31. A 53-b	A 62	49. g 58	E 74
14. B 32-F	O-O-O [2]	32. E 25	E 72	50. g 68	E 75
15. c 54	B 55	33. E 34	H 88	51. A 56	E 65
16. G 55-B	d 55-G	34. E 43	H 81	52. g 78	A 84
17. A 13	D 41	35. E 32	h 58	53. A 58	A 88
18. A 43	D 61 [3]	36. B 75	g 47		

Traduction de LEWIS, *par* WITCOMB, *Tab.* XLVII.

1. Les Noirs, éclairés par la perte des deux premières parties¹, mettent dans leur jeu plus de régularité et de prudence. Jusqu'ici les coups sont de part et d'autre joués fort correctement. 2. Les Noirs roquent de ce côté afin de pouvoir lancer leurs Pions sur le Roi adverse. 3. Les Noirs ne pouvaient prendre le Pion à 21 sans compromettre leur partie, car les Blancs, en jouant leur Dame 23, les forçaient de ramener la leur à la case 81 (sous peine de perdre), et puis, prenant c par échec, ils démantelaient le jeu des Noirs. 4. Ce Cavalier manœuvre depuis plusieurs coups pour pouvoir se mettre en position de

prendre part à l'attaque.   5. Depuis le dix-neuvième coup l'attaque et la défense sont également bien conduites.   6. Mal joué; en échangent les Dames et portant leur Cavalier attaqué à la case 43, les Blancs gagnaient un Pion; si les Noirs, au lieu d'échanger les Cavaliers, prenaient le Pion 43, les Blancs, par un échec à la case 62, gagnaient l'échange, car leur Cavalier, en prenant la Tour à 74, défendait leur attaque par le Cavalier noir.   7. Bien joué, coup profondément senti.   8. Afin de pouvoir échanger les Cavaliers.   9. Les Noirs gagnent ici forcément un échange.   10. Les Noirs offrent de rendre l'échange pour acquérir une meilleure position.   11. Les Noirs rendent l'échange pour reprendre l'attaque.   12. Coup de maître qui décide la partie en faveur des Noirs.   13. Ici les Blancs ont bien un Pion de plus, mais leurs Pions sont épars et ne se prêtent aucun appui, tandis que les Noirs ont deux Pions passés et qui se lient; ces deux Pions leur feront inévitablement gagner la partie.   LAROCHE.

* Dans une espèce de match que l'auteur de cette brochure eut l'honneur de faire avec M. Calvi, il y a plus de trois ans, chacun des combattants gagna sept parties, et une seule resta nulle. M. Laroche a eu l'obligeance de se charger de la critique de ces quinze parties, dont celle-ci est la troisième.

QUARANTE-TROISIÈME PARTIE.

Jouée le 20 février 1840,

ENTRE

MM. BONCOURT et KIESERITZKY.

BONCOURT.	KIESERITZKY.	BONCOURT.	KIESERITZKY.	BONCOURT.	KIESERITZKY.
1. e 45	e 55	18. B 55-F	B 55	35. E 24	c 43
2. G 36	B 63 (1)	19. g 46	B 36 (8)	36. E 35	A 75 ×
3. F 43	F 53	20. B 65 ×	E 76	37. E 24	E 53
4. c 33	G 66	21. B 57 × (9)	B 57-B	38. A 51 ×	E 62
5. d 44	e 44-d	22. g 57-B	H 57-g	39. A 41	A 25 ×
6. e 55	d 54	23. E 24	A 85	40. E 15	A 45
7. e 66-G	d 43-F	24. A 15	H 55	41. A 42 ×	E 51
8. e 77-g	H 87	25. A 35	b 52	42. A 72	A 48
9. C 57	f 66	26. H 17	E 66	43. A 71 × a	E 62
10. D 25 ×	D 75 (2)	27. b 32 (10)	c 53	44. A 41	E 52
11. C 66-f (3)	D 25 × D	28. b 43-d	b 43-b	45. A 42 ×	E 53
12. E 25-D	e 34 ×	29. H 47 (11)	A 82	46. a 41	A 38-b
13. E 14 (4)	C 47	30. A 55-H (12)	A 22 × (13)	47. a 51	h 58
14. h 38 (5)	C 36-G (6)	31. E 14	E 55-A	48. a 61	A 18 ×
15. g 36-C	E 76	32. H 43-b	E 54	49. E 24	A 11 (15)
16. B 24 (7)	E 66-C	33. H 41	A 26-f	—	
17. B 45 ×	E 77-e	34. a 31 (14)	A 76		

Traduction de Lewis, *par* WITCOMB, *Tab.* lvii.

1. Le meilleur coup.   2. Très bon coup de la part des Noirs.   3. Le temps employé à prendre ce Pion permettra aux Noirs d'établir deux Pions au centre qui empêcheront les Blancs de développer leur jeu.   4. Faible; E 15 était préférable.   5. Pour obliger le Fou à se retirer ou à prendre le Cavalier, et, dans ce cas, ouvrir à leur tour une ligne qui lui permette de défendre le Pion avancé.   6. Les Noirs ont raison de prendre et de doubler le Pion, l'ouverture faite à la Tour n'étant pas à craindre.   7. La position des Blancs est très difficile; ils croient gagner un temps en sortant le Cavalier, au lieu de retirer le Fou; c'est une erreur: pour gagner le Fou noir ils perdront des temps.   8. Ce Cavalier bloque le Roi et empêche les Tours d'entrer en jeu.   9. Les Blancs perdraient leur Cavalier s'ils jouaient B 73-c; ils préfèrent se débarrasser du Cavalier adverse, même en sacrifiant un Pion.   10. Ils cherchent à rompre les Pions noirs.   11. Les Blancs poursuivent leur projet.   12. Les Blancs font une faute énorme en ne jouant pas H 43-h. Ils rétablissaient leur partie et seraient arrivés à une nullité.   13. Les Noirs ne font pas la faute de reprendre la Tour; ils commencent par donner échec.   14. Si les Blancs prenaient le Pion, le Roi noir avancerait, et la partie serait gagnée en quelques coups. Du reste, il n'y a plus de défense sérieuse pour les Blancs.   15. M. K*** a très bien joué cette partie, qui cependant aurait dû se terminer par une nullité, sans la faute faite par M. B*** au trentième coup.

Devinck.

QUARANTE-QUATRIÈME PARTIE.

Jouée le 25 novembre 1844,

ENTRE

MM. SCHULTEN et LAROCHE.

	SCHULTEN.	LAROCHE.		SCHULTEN.	LAROCHE.		SCHULTEN.	LAROCHE.
1.	e 45	e 55	11.	O-O	C 65	21.	C 57	D 55
2.	G 36	B 63	12.	B 24	O-O-O	22.	C 46 (6)	C 54
3.	F 43	F 53	13.	G 57	B 55	23.	B 45	f 56
4.	c 53	G 66	14.	G 78-h	B 47	24.	G 66	f 45-B
5.	d 44	e 44-d	15.	C 57	H 77-c (5)	25.	D 47 × (7)	E 82
6.	e 55	d 54 (1)	16.	C 84-A	B 35 (4)	26.	G 74 ×	E 81
7.	e 66-G (2)	d 43-F	17.	D 36	H 27 × g	27.	G 53-D	f 55 ×
8.	e 77-g	H 87	18.	E 18	B 16-H (5)	28.	D 27	C 27 × D
9.	C 57	D 54	19.	A 16-B	H 26-f	29.	E 27-C	e 24
10.	C 68	e 34	20.	A 26-H	F 26-A		—	

Traduction de Lewis, *par* WITCOMB, *Tab.* lvii.

1. d 54 vaut mieux que G 45, bien que ce dernier coup ne soit pas absolument mauvais (Voir le Tableau).   2. F 52 est préférable.   3. Très bien joué que de donner l'échange pour fortifier l'attaque.   4. Là on reconnaît M. Laroche.   5. D 55 aurait décidé plus vite, car les Blancs étaient forcés de jouer 19, D 27-H.   6. G 66 aurait été meilleur; car

si 22, $\overline{\text{D 57-C}}$ 23, $\frac{\text{D 26-F}}{\text{C 54} \times}$ 24, $\frac{\text{G 54-C}}{\text{D 54} \times \text{G}}$ 25, $\overline{\text{D 27}}$ et les Blancs restent avec un Cavalier contre deux Pions. 7. Les Blancs n'ont pas vu qu'ils pouvaient faire mat en quatre coups en jouant $\underline{\text{D 38} \times}$

L. K.

QUARANTE-CINQUIÈME PARTIE.

Jouée le 2 février 1840,

ENTRE

MM. SAINT-AMANT et KIESERITZKY.

	SAINT-AMANT.	KIESERITZKY.		SAINT-AMANT.	KIESERITZKY.		SAINT-AMANT.	KIESERITZKY.
1.	e 45	e 55	16.	H 45	C 56	31.	f 65	a 64
2.	G 36	B 63	17.	H 46	C 65	32.	D 75 (9)	A 86
3.	F 43	F 53	18.	b 32	f 56	33.	A 15	D 84
4.	c 33	G 66	19.	A 14	C 54	34.	D 71	D 48
5.	d 44	e 44-d	20.	H 48 (5)	H 66	35.	A 14	D 45 (10)
6.	e 55	G 45 (1)	21.	f 46	H 67	36.	D 61-a	D 25
7.	c 44-e (2)	F 42 ×	22.	H 38 (6)	H 47	37.	A 16	A 85
8.	C 24	G 24-C	23.	H 36	b 52	38.	D 62	c 34
9.	B 24-G	d 54	24.	h 38 (7)	H 67	39.	D 52-b	D 35 ×
10.	e 64-d (3)	D 64-e	25.	F 54 × C	D 54-F	40.	E 28	A 65-f
11.	O-O	F 24-B	26.	H 35	H 65	41.	D 82 ×	E 76
12.	D 24-F	O-O	27.	H 55	H 55-H	42.	D 46	D 46 × D
13.	H 45	C 47 (4)	28.	f 55-H	c 53 (8)	43.	A 46-D (*)	
14.	G 55	B 55-G	29.	D 46	g 67		—	
15.	H 55-B	A 84	30.	D 48	c 44-c			

Traduction de Lewis, *par* WITCOMB, *Tab.* LVII.

1. Décidément inférieur à $\overline{\text{D 54}}$. 2. Saint-Amant renonce charitablement à tirer tout l'avantage du dernier coup de son adversaire ; Saint-Amant devrait maintenant jouer $\underline{\text{F 54}}$, et je considérerais alors sa partie comme la meilleure. 3. Je n'aime pas ce coup, parce qu'il laisse le Pion d isolé et fait perdre la forte position que le Pion e donne. Peut-être eût-il été mieux de jouer $\underline{\text{F 52}}$? 4. Coup très bien joué. 5. Cette Tour est dans une position gênée, Kieseritzky menaçant d'avancer $\underline{\text{g 57}}$. Ceci prouve que Saint-Amant a eu tort d'affaiblir son Pion d en le laissant isolé, puisqu'il a été ensuite forcé de jouer la Tour en avant pour le soutenir. 6. Bien joué, se proposant de mettre cette Tour en jeu. 7. Il vaudrait mieux prendre le Fou, qui dégagerait la Tour du Roi. Ce coup affaiblit les Pions devant le Roi. 8. Encore très bien joué, et donnant une nouvelle preuve de la faiblesse du Pion d. 9. La fin de ceci est jolie et pittoresque. 10. Dans mon "*Chess*

Studies" la partie est laissée ici comme gagnée par Kieseritzky, mais les coups devaient être portés un peu plus loin.   Georges Walker.

* La partie, après avoir duré encore longtemps, fut gagnée par les Noirs. La fin de cette partie n'a pas été exactement reproduite dans le *Chess Studies* de M. Walker.   L. K.

QUARANTE-SIXIÈME PARTIE.

Jouée en novembre 1842,

ENTRE

MM. LAROCHE et KIESERITZKY.

LAROCHE.	KIESERITZKY.	LAROCHE.	KIESERITZKY.	LAROCHE.	KIESERITZKY.
1. e 45	e 55	9. c 54	f 54-c	17. b 42	A 87 (4)
2. G 36	B 63	10. e 54-C (2)	B 75	18. D 24 (5)	B 56
3. F 43	F 53	11. C 57	D 74	19. H 65	G 47
4. O-O	d 64	12. H 15	h 68	20. h 38	h 58
5. c 33 (1)	C 65	13. C 48	g 57 (3)	21. B 25	B 37-C
6. F 65-C	f 65-F	14. C 37	O-O-O	22. B 37-B	F 26 ✕ f
7. d 44	e 44-d	15. B 33	G 66	23. E 16	F 37-B
8. c 44-e	F 62	16. a 41	a 61	24. h 47-G	h 47-h

Traduction de Lewis, *par* WITCOMB, *Tab.* xix.

1. Ce début est on ne peut plus régulier.   2. Nous trouvons la position des Noirs la meilleure en raison du Pion blanc isolé; ce Pion finira par tomber, ou il fera prendre une fausse position si on le soutient.   3. Pouvant roquer du grand côté, les Noirs poussent, afin d'ouvrir un passage sur le roi adverse.   4. A ce coup profond, à cette blessure mortelle, on reconnaît l'illustre guerrier.   5. L'un de nos bons joueurs, M. Guibert, a analysé ce coup, et pense que D 34 eût été un meilleur coup; il pouvait paralyser l'attaque des Noirs.   Sasias.

QUARANTE-SEPTIÈME PARTIE.

Jouée le 1er février 1840,

ENTRE

MM. CHAMOUILLET et KIESERITZKY.

CHAMOUILLET.	KIESERITZKY.	CHAMOUILLET.	KIESERITZKY.	CHAMOUILLET.	KIESERITZKY.
1. e 45	e 55	7. F 32	D 74	13. a 32-C	f 56 (6)
2. G 36	B 63	8. E 28 (2)	h 58 (3)	14. f 46 (7)	h 36-f
3. F 43	F 53	9. G 57	B 44	15. g 36-h	f 46 ✕
4. O-O (1)	G 66	10. d 34	G 47 ✕ (4)	16. C 46-f (8)	e 46 ✕ C
5. B 33	d 64	11. h 47-G	h 47 ✕ h	17. E 46-c	B 65 ✕
6. h 38	C 65	12. E 37 (5)	C 52-F	18. G 65-B	D 76 ✕ (9)

Traduction de Lewis, *par* WITCOMB, *Tab.* lix et lx.

1. Roc prématuré ; c 33 ou b 38 sont en tous points préférables.   2. Fait en vue d'éviter le sacrifice du Fou de la Dame pour deux Pions et une belle attaque.   3. Un joueur moins habile aurait poussé ce Pion un pas seulement.   4. Voilà certainement un coup superbe et qui rappelle les belles parties de Labourdonnais, qu'on n'a malheureusement pas recueillies.   5. E 17 paraît au premier aspect meilleur ; mais une analyse bien faite ne laissera pas subsister long-temps cette erreur, et on verra que le jeu des Blancs est radicalement perdu.   6. Continuation brillante d'une partie bien engagée.   7. Si les Blancs prennent le Pion, ils perdent la Dame ; en effet, si 14, $\frac{e\,56\text{-}f}{B\,56\times e}$ 15, $\frac{E\,47\text{-}h}{B\,35\times}$.   8. Sacrifice très bien fait, et sans lequel on était mat en peu de coups.   9. Cette partie a été vive et surtout rapide. Elle est pleine de coups brillants ; il fallait que M. Kieseritzky fût bien en verve pour enlever d'assaut la citadelle de M. Chamouillet, joueur surtout solide qui n'a pas l'habitude de se laisser ainsi entamer.   Lévy.

QUARANTE-HUITIÈME PARTIE.

Jouée le 19 juin 1845,

ENTRE

MM. SÉGUIN et POESCHMANN.

SÉGUIN.	POESCHMANN.	SÉGUIN.	POESCHMANN.	SÉGUIN.	POESCHMANN.
1. e 43	e 55	12. e 54-C	B 75	23. C 35 (9)	F 55-C
2. G 56	G 66 (1)	13. c 43 (6)	B 56	24. E 17	F 53
3. B 33 (2)	B 65	14. D 56	E 77	25. h 47-g	B 37
4. F 43	F 53	15. G 47	G 47-G	26. D 56	h 57-h
5. O-O	O-O	16. D 47-G	f 66	27. D 37-B	f 56
6. d 34	d 64 (3)	17. C 35	b 62	28. d 44	F 44-d
7. h 38	C 65	18. F 23 (7)	A 84	29. D 34	E 66
8. F 32	h 68	19. A 15	F 44	30. F 23	H 58
9. E 18	D 74	20. C 13	h 58	31. A 35 (10)	A 88
10. G 28 (4)	g 57 (5)	21. D 25 (8)	H 88	32. f 46	h 37
11. B 54	C 54-B	22. F 14	g 47	33. f 55×e	E 77

Traduction de Lewis, *par* WITCOMB, *Tab.* xlvii, *Var.* 9-16.

1. Cette défense contre l'attaque par le Cavalier s'appelle la *Défense portugaise* inventée par Damiano, mais qu'avec plus de raison on pourrait appeler la *Défense russe*, car c'est à MM. Petrow et Jaenisch que nous devons une analyse très savante et instructive de ce début, jusque-là presque inconnu. Selon M. Jaenisch (vol. II, page 10), les Blancs doivent jouer 3 G 55-e, et si alors les Noirs reprennent 3 G 45-e, ils doivent perdre, quelle que soit la manière qu'ils jouent, au moins un Pion. Cette dernière assertion ne nous paraît pas suffisamment prouvée, et nous invitons nos lecteurs à examiner la cinquantième partie, à laquelle nous avons ajouté quelques observations.   2. d 44 ou F 43 ou G 55-e sont générale-

ment les coups que les Blancs jouent à cette occasion ; 2 B 33 n'est point mauvais, mais ce coup est un peu fade, parce qu'il retarde l'attaque.   5. *Similia similibus curentur.* Ce système homœopatique est fort sage, sans doute, mais peu amusant. Heureusement la fin dédommage de l'ennui du commencement.   4. C'est une de ces erreurs graves qui se trouvent chez Philidor, de ramener les Cavaliers des Rois aux secondes cases de leurs Tours, où ils ont si peu de développement. Cette même erreur a causé la perte de la partie française dans le défi entre Paris et Pesth. Si l'on veut retirer le Cavalier pour pousser le Pion du Fou 2 pas, il vaut beaucoup mieux le mettre à la case du Roi, par une raison très simple, car à cette case il domine encore quatre autres cases, parmi lesquelles la troisième case de la Dame est une des plus importantes sur l'échiquier, tandis qu'à la 2ᵉ case de la Tour, le Cavalier, n'ayant que trois autres cases qu'il domine, perd énormément de sa valeur.   5. Les Noirs commencent l'attaque, parce que les Blancs n'ont pas pris l'initiative.   6. Dès ce moment la partie blanche faiblit visiblement. Le Fou du Roi devient presque inutile.
7. Ce coup a l'air de produire un grand effet, mais il n'aboutit à rien ; car si 19, $\overline{\frac{C\,53\text{-}F}{b\,53\text{-}c}}$
20, $\overline{\frac{d\,44}{G\,44\text{-}d}}$ et les Blancs auraient perdu un Pion.   8. On eût commis une faute irréparable en prenant le Pion offert, puisque les Noirs auraient pu doubler leurs Tours dans la huitième colonne, et former une attaque contre le Roi blanc, qui n'était plus à défendre.
9. Grave distraction : les Blancs n'ont pas vu qu'ils ne pouvaient pas reprendre le Fou adverse, à cause de 23 $\overline{G\,37}\times$.   10. Pour éviter le mat immédiat.   L. K.

QUARANTE-NEUVIÈME PARTIE.

Jouée le 12 octobre 1842,

ENTRE

MM. CALVI et KIESERITZKY.

CALVI.	KIESERITZKY.		CALVI.	KIESERITZKY.		CALVI.	KIESERITZKY.
1. e 45	e 55	8.	O-O	O-O	15.	f 56	h 47-g.
2. G 36	G 66 (1)	9.	f 46	c 63	16.	D 47-h	C 56-f
3. F 43 (2)	G 45-e	10.	D 58 (3)	f 66	17.	D 37	H 76
4. D 25	d 54	11.	G 56	B 74	18.	C 46	B 55
5. G 55-e	C 65	12.	g 47 (4)	D 62 ×	19.	G 55-B (7)	f 55-G
6. F 52	F 75	13.	E 18	g 67	20.	C 55-f (8)	C 45 ×
7. d 34	G 64	14.	D 38 (5)	h 58 (6)			

Traduction de Lewis, *par* WITCOMB, *Tab.* LXVI, *Var.* 9-16.

1. Début des deux Cavaliers du Roi, abandonné depuis des siècles, et que le major russe Jaenisch, dans un Traité qu'il vient de publier, a voulu remettre en honneur. Nous ne sommes pas de son avis, et, malgré sa savante analyse, nous pensons que cette défense n'est pas la meilleure ; nous préférons la défense italienne, qui est au moins aussi bonne, et amène des positions brillantes.   2. Les Blancs ne veulent pas entrer dans le début des deux Cavaliers du Roi, et, par ce coup, ils ramènent la partie à une des variantes du Fou du Roi au deuxième coup (Voir Alexander, tableau 8).   3. Mal joué ; à cette case la Dame n'attaque rien, et elle met l'adversaire à même de gagner des temps en poussant ses Pions

sur elle et en la forçant à reculer.   4. Ce coup nous paraît trop hardi, les Blancs n'ayant pour attaquer de ce côté que trois pièces, tandis que les Noirs ont presque toutes les leurs à opposer sur ce point,   5. La case 48 était moins mauvaise ; on n'aurait pas perdu un Pion.   6. Bien joué.   7. Grande faute de commencer par prendre du Cavalier ; il ne fallait même pas prendre du tout.   8. Ici les Blancs avaient un désavantage évident, mais leur partie pouvait se défendre encore longtemps ; au lieu de prendre le Pion avec leur Fou, ils devaient le jouer à la case 35. La prise du Pion est une faute monstrueuse qui ne s'explique pas de la part d'un joueur de cette force.   LAROCHE.

CINQUANTIÈME PARTIE.

Jouée le 23 octobre 1845,

ENTRE

MM. ALEXANDER et KIESERITZKY.

ALEXANDER.	KIESERITZKY.		ALEXANDER.	KIESERITZKY.		ALEXANDER.	KIESERITZKY.
1. e 45	e 55	14.	E 25	B 66	27.	H 48	A 14 × (5)
2. G 36	G 66	15.	F 56	B 74	28.	E 33	A 13
3. G 55-e	G 45-e (1)	16.	H 14	A 83-B	29.	H 78 × h	E 63
4. D 25	D 75	17.	A 44-d	F 64	30.	A 67-g	A 23 × c
5. D 45-G	d 64	18.	C 46	H 86	31.	E 34	A 22-b
6. d 44	f 66	19.	F 74 × B	E 74-F	32.	A 77	H 27-g
7. f 46	B 74	20.	A 16	A 85 ×	33.	A 75 ×	E 54
8. B 33	f 55-G	21.	E 14	A 65	34.	A 72-b	A 21-a
9. f 55-f (2)	d 55-f	22.	A 36	A 66	35.	A 71-a	H 28-h
10. B 54 (3)	B 66	23.	C 64-F	c 64-C	36.	A 21-A	H 78-H
11. B 75-D	B 45-D	24.	A 37	A 16 ×	37.	A 51 ×	E 65 (6)
12. B 83-C	d 44-d (4)	25.	E 25	H 26 ×		=	=
13. F 34	F 42 ×	26.	E 34	g 67			

Traduction de LEWIS, *par* WITCOMB, *Tab.* LXVI, *Var.* 9-16.

1. Comme nous l'avions dit dans la première note, à la quarante-huitième partie, la reprise du Pion n'est point si mauvaise qu'elle en a l'air. Du moins les Noirs ne perdent pas un Pion.   2. Si 9. $\frac{B\ 54}{B\ 66}$ 10, $\frac{B\ 75\text{-D}}{B\ 45\text{-D}}$ 11, $\frac{B\ 83\text{-C}}{f\ 44\text{-d}}$ les Noirs regagnent la pièce et conservent une bonne position.   3. Si 10, $\frac{d\ 55\text{-d}}{D\ 55\text{-d}}$ 11, $\frac{C\ 46}{D\ 45\times D}$ 12, $\frac{B\ 45\text{-D}}{B\ 53}$ 13, $\frac{B\ 53\text{-B}}{F\ 53\text{-B}}$ 14, $\frac{C\ 73\text{-c}}{C\ 56}$ 15, $\frac{F\ 34}{C\ 34\text{-F}}$ 16, $\frac{c\ 34\text{-C}}{F\ 44}$ 17, $\frac{A\ 12}{A\ 83}$ et les Noirs auraient beau jeu.   4. Ceci est le coup juste ; les Noirs n'avaient pas besoin de prendre le Cavalier immédiatement, puisque ce dernier ne pouvait pas échapper.   5. A cause de la position des Rois, il eût mieux valu proposer l'échange des forces.   6. Dans cette position, malgré l'avantage du Pion, les Noirs ne peuvent pas gagner.   L. K.

AVIS AUX LECTEURS.

Dans l'espérance de rendre un service à nos Abonnés, nous mentionnons ici une Liste d'ouvrages d'Échecs qui se vendent au Café de la Régence, place du Palais-Royal, 243, chez M. VIELLE.

TRAITÉ DU JEU DES ÉCHECS
Par LEWIS,

Traduit de l'anglais par H. WITCOMB, et arrangé selon le système lexicographique de M. KIESERITZKY.

Prix, broché, 10 francs.

LE PALAMÈDE,
Revue mensuelle du Jeu des Échecs,
RÉDIGÉ PAR M. SAINT-AMANT.

Prix, par an, 20 francs.

MÉTHODE POUR APPRENDRE SEUL LA MARCHE DES ÉCHECS,
ET LA RÈGLE DE CE JEU,
Par M. VIELLE.

Prix, 50 cent.

ENCYCLOPÉDIE DES ÉCHECS
Par A. ALEXANDER.

Prix, 20 francs.

COLLECTION DES PLUS BEAUX PROBLÈMES D'ÉCHECS
Par A. ALEXANDER.

Prix, 20 francs.

SOUS PRESSE :

TRAITÉ COMPLET DU JEU DES ÉCHECS,
Par CALVI.

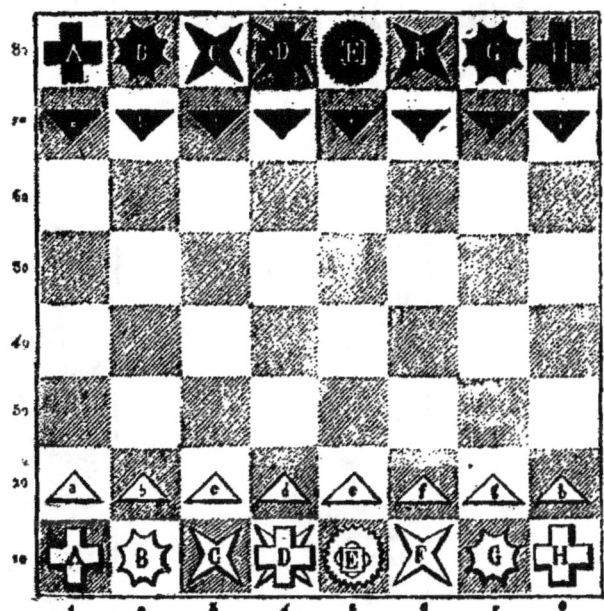

Le Tableau ci-dessus représente des pièces d'une forme nouvelle. Nous les recommandons à tous les amateurs d'Échecs sous plusieurs rapports :

1° Parce qu'elles ne sont pas, à cause de leur forme plate, exposées à être renversées à chaque instant.

2° Parce qu'avec elles, on ne peut pas faire tant de bruit, au grand dépit des spectateurs, et souvent de l'adversaire, qu'avec celles dont on se sert à présent.

3° Parce qu'elles soutiennent l'étude de tous les ouvrages, surtout de ceux qui emploient notre notation.

4° Parce que leur forme est la seule rationnelle, ressortant de la marche et de l'action de chaque pièce.

NOMS DES SOUSCRIPTEURS.

MM.
Alexander.
André.
Anrés.
Aubé.
Baker (général).
Barthés.
Barthés (de).
Besançon.
Bintot (le docteur).
Blum.
Bodin.
Boudin.
Bouillon.
Boulnoy (de).
Breuil (de).
Calvi.
Chaine.
Chamouillet.
Chasseroy.
Charon.
Chartran.
Chocarne.
Clark.
Cohen (B).
Cohen (H).
Colçon.
Cooper.
Courbonne (de).
Crampel.
Crouhelm (Édouard).
Dauzats.
Delbos.
Delondre (docteur).
Deslandre (Vivier).
Devinck, Président du Cercle.
Doazan.
Ducasse.
Duclos.
Dumoncheau (le commandant).
Duplessis.
Érard (le comte).
Favier.
Fehrmann.
Fey.
Fourcade (de).
Frick.
Genot.
Giaé (le marquis de).
Godard.
Goultes (de).

MM.
Guibert.
Greville.
Harivel (le docteur).
Harrwitz.
Henderson (W).
Holcrof.
Hora.
Hœrfel.
Huret (Leopold).
Jeannot.
Johnson.
Jourdain.
Jouvencel (Paul de).
Lainné.
Larroze.
Laroche.
Laroche (le docteur).
Leclerc (le colonel).
Lécrivain.
Lemaître (Jacques).
Lemoine-Tacherat.
Lérembert.
Lévy.
Livet (le capitaine).
Louis (le docteur).
Massy (de).
Marguerite.
Marion.
Martin.
Melvil.
Ménil (baron du).
Messeri.
Meyer.
Mondeville.
Mouroud.
Mutrel.
Newham (Samuel).
Nusse.
Odoard (le chevalier).
Onckes.
Panseron.
Pasmore (Smith).
Pasotti.
Pasquier.
Pardo.
Paulier.
Perardel.
Pillot.
Pisan.
Pouguet.

MM.
Preuss.
Recoule-Veyrier.
Reinach (H.-J.).
Reiset.
Remilly.
Rheinart.
Richard.
Richebourg (le comte de), pair de France.
Riquier.
Roncerey (du).
Roger.
Sainte-Croix (le marquis de).
Sainte-Marie-Prigard.
Saint-Omer.
Sangouard.
Sasias.
Scellier.
Schweig.
Sénéchal (le).
Sirdey (le docteur).
Siras.
Slous.
Soltau.
Somner.
Sprechley.
Strauss.
Stunde (le docteur).
Sevale.
Thomas (le docteur).
Tonnellé.
Toutain.
Tripler.
Vaucoret (de).
Veytard.
Vialay.
Viandey.
Vidart (le vicomte).
Vielle.
Vignon.
Vilaine.
Vitocq.
Vitzthum (le comte).
Vuillermet.
Weinkauf.
Wilson (Harry).
Witcomb (C).
Witcomb (H).
Zublin.
Zeiner.
Zoeckell (docteur de).

TABLE.

	1.	2.	3.	4.	5.	6.	
1 KIESERITZKY	a 31						WALKER.
SAINT-AMANT							
2 SCHWARTZ	d 44	c 43	e 45	e 55	B 33		UN AMATEUR.
KIESERITZKY	d 51	d 43-c	f 56	C 65	c 63		
3 SCHWARTZ	»	»	»	»	»		UN AMATEUR.
KIESERITZKY	»	»	»	»	C 51		
4 DESLOGES	»	»	»	e 56-f			KIESERITZKY.
DELANNOY	»	»	»				
5 ALEXANDER	»	B 33					HARRWITZ.
KIESERITZKY	»						
6 KIESERITZKY...7...	»						LAROCHE.
CALVI	e 65						
7 SCHULTEN	e 45	c 43					KIESERITZKY.
LAROCHE	e 53						
8 KIESERITZKY	»	G 36					HARRWITZ.
VITZTHUM	»						
9 KIESERITZKY	»						WALKER.
SAINT-AMANT	e 65						
10 CALVI	»	d 44					LAROCHE
KIESERITZKY	e 55						
11 DEVINCK	»	f 46					SASIAS.
KIESERITZKY	»	d 64					
12 ROUSSEAU	»	»	h 48				ALEXANDER.
KIESERITZKY	»	e 46-f					
13 O'SULLIVAN	»	»	F 43	F 32			HENDERSON.
KIESERITZKY	»	»	b 52				
14 DEVINCK	»	»	»	F 52-6			KLING.
KIESERITZKY	»	»	»				
15 PAULIER	»	»	G 36	h 48	G 55	F 43	KIESERITZKY.
AZEVEDO	»	»	g 57	g 47	h 53	G 48	
16 KIESERITZKY	»	»	»	»	»	»	HENDERSON.
LAROCHE	»	»	»	»	»	»	
17 KIESERITZKY	»	»	»	»	»	»	ALEXANDER.
LEMAITRE	»	»	»	»	»	»	
18 KIESERITZKY	»	»	»	»	»	»	STAUNTON
EHRMANN	»	»	»	»	»	»	
19 PHILIBERT	»	»	»	»	»	»	KIESERITZKY
CLÉMENT	»	»	»	»	»	»	
20 KIESERITZKY	»	»	»	»	»	»	LAROCHE.
CALVI	»	»	»	»	»	h 78	
21 KIESERITZKY	»	»	»	»	»	»	KLING.
DEVINCK	»	»	»	»	»	»	
22 HARRWITZ	»	»	»	»	»	»	KIESERITZKY.
GREVILLE	»	»	»	»	»	»	
23 HARRWITZ	»	»	»	»	»	»	KIESERITZKY.
GREVILLE	»	»	»	»	»	»	

		1.	2.	3.	4.	5.	6.	
24	Le Sénéchal	e 45	f 40	G 36	H 48	G 55	F 43	Kieseritzky.
	Benoit	e 55	e 46-f	g 57	g 47	h 58	H 78	
25	Levy	»	»	»	F 43	O—O	D 36-g	Kieseritzky.
	Sasias	»	»	»	g 47	g 36-G	D 66	
26	Michelex	»	»	»	»	G 55	E 16	Kieseritzky.
	Kieseritzky	»	»	»	»	D 48×	e 36	
27	Harrwitz	»	»	»	»	d 44		Kieseritzky.
	Greville	»	»	»	F 77	d 64		
28	Rousseau	»	»	»	»			Kieseritzky.
	Dumoncheau	»	»	»	»	B 63		
29	Desloges	»	»	»	»	h 48		Kieseritzky.
	Harrwitz	»	»	»	»			
30	Kieseritzky	»	»	»	F 43	E 16		Sasias.
	Desloges	»	»	F 75	F 48×	F 75		
31	Rousseau	»	»	»	»	»	e 55	Alexander.
	Kieseritzky	»	»	»	»	F 66	F 75	
32	Devinck	»	»	»	»	»	»	Levy.
	Kieseritzky	»	»	»	»	»	»	
33	Rousseau	»	F 43					Alexander.
	Kieseritzky	»						
34	Rousseau	»	G 36	d 44	F 43			Veillermet.
	Calvi	»	B 63	e 44-d	D 66			
35	Witcomb	»	»	»	»	e 33	O—O	Harrwitz.
	Kieseritzky	»	»	»	F 42×	e 33-e	e 22-b	
36	Harrwitz	»	»	»	»	»	»	Kieseritzky.
	Vitzthum	»	»	»	»	»	e 23	
37	Calvi	»	»	»	»	»	»	Laroche.
	Kieseritzky	»	»	»	»	»	G 66	
38	Greville	»	»	»	»	G 57	G 76-f	Kieseritzky.
	Harrwitz	»	»	»	F 53	G 68	G 76-G	
39	Levy	»	»	»	»	»	»	Kieseritzky.
	Sasias	»	»	»	»	»	»	
40	Calvi	»	»	»	G 44-e			Devinck.
	Kieseritzky	»	»	»				
41	Hampton	»	»	F 43	b 42			Vicnon.
	Kieseritzky	»	»	F 53				
42	Calvi	»	»	»	c 33	d 34		Laroche.
	Kieseritzky	»	»	»	G 66			
43	Boncourt	»	»	»	»	d 44	e 55	Devinck.
	Kieseritzky	»	»	»	»	e 44-d	d 54	
44	Schulten	»	»	»	»	»		Kieseritzky.
	Laroche	»	»	»	»	»		
45	Saint-Amant	»	»	»	»	»	»	Walker.
	Kieseritzky	»	»	»	»	»	G 45	
46	Laroche	»	»	»	O—O			Sasias.
	Kieseritzky	»	»	»	d 44			
47	Chamouillet	»	»	»	»			Levy.
	Kieseritzky	»	»	»	G 66			
48	Séguin	»	»	B 33				Kieseritzky.
	Poeschmann	»	G 66					
49	Calvi	»	»	F 43				Laroche.
	Kieseritzky	»						
50	Alexander	»	»	G 55-e				Kieseritzky.
	Kieseritzky	»						